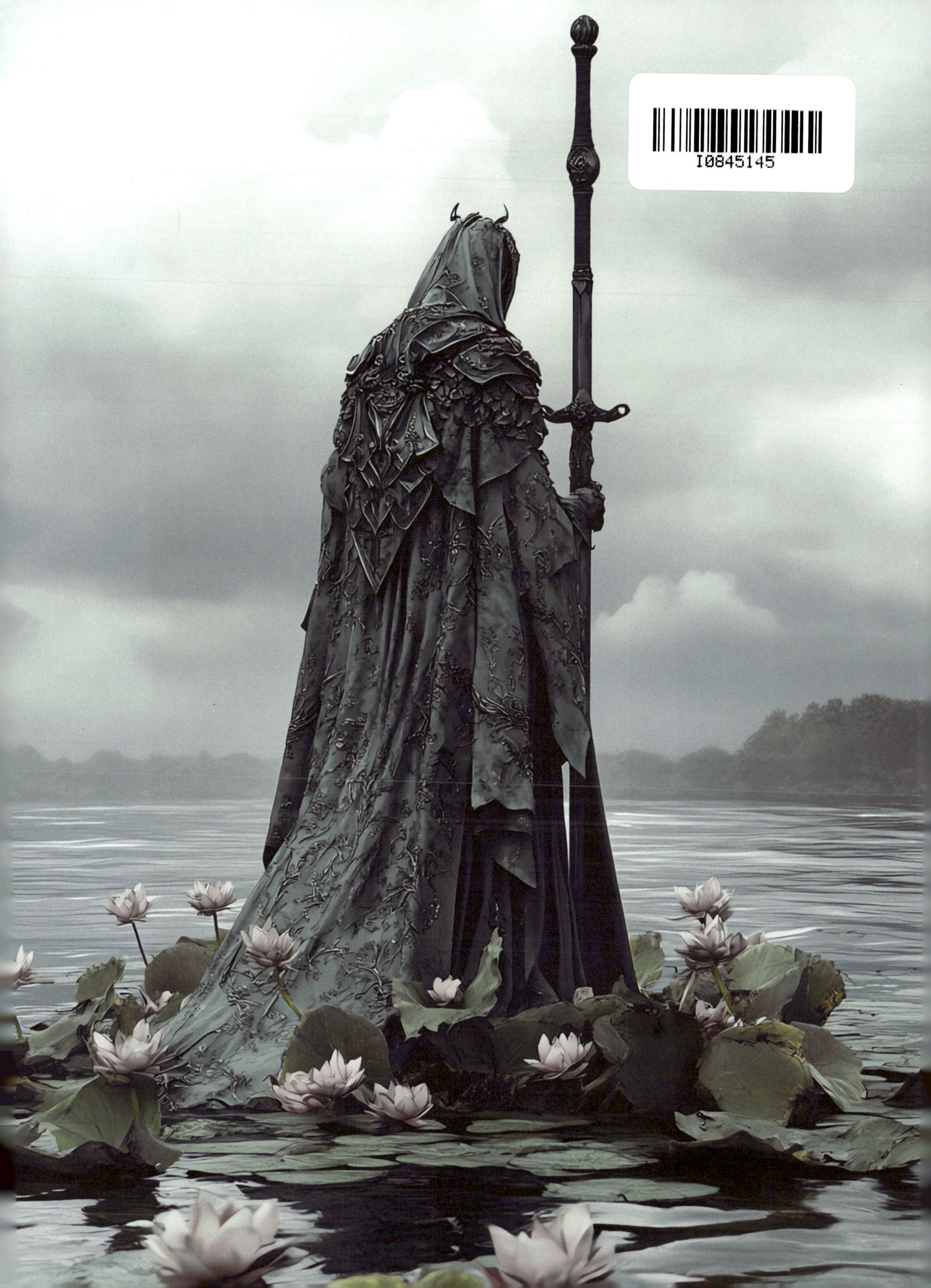
I0845145

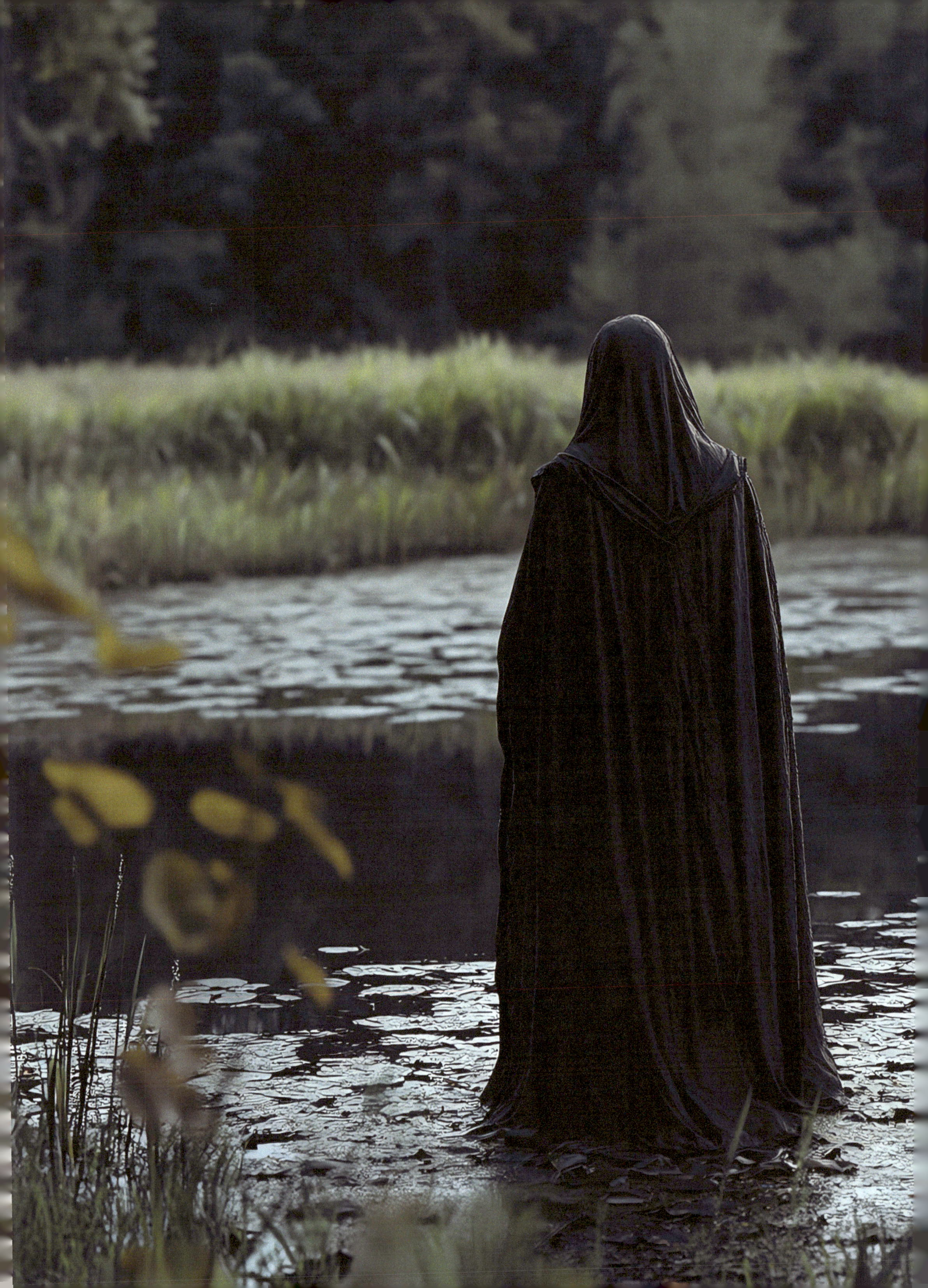

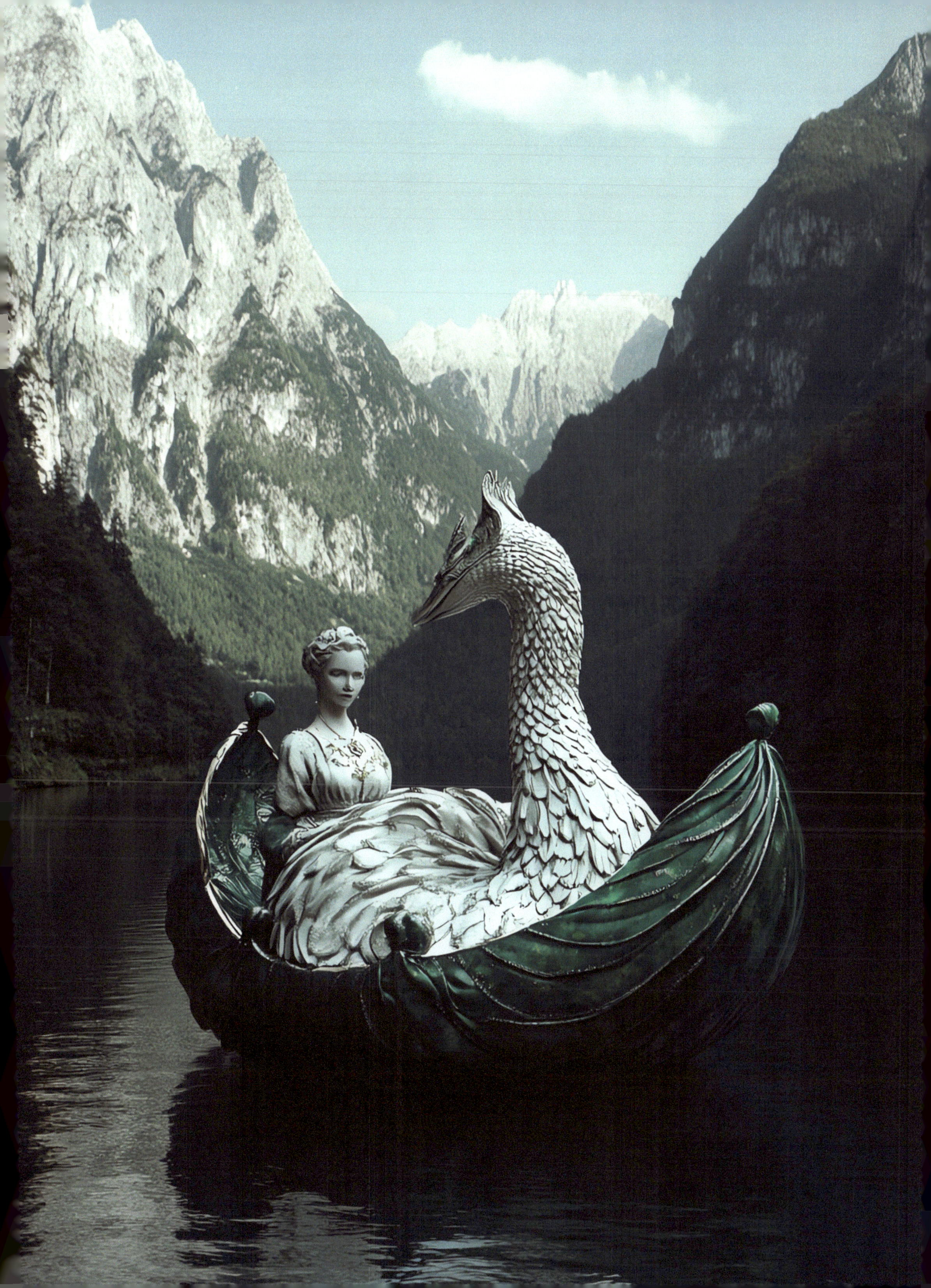

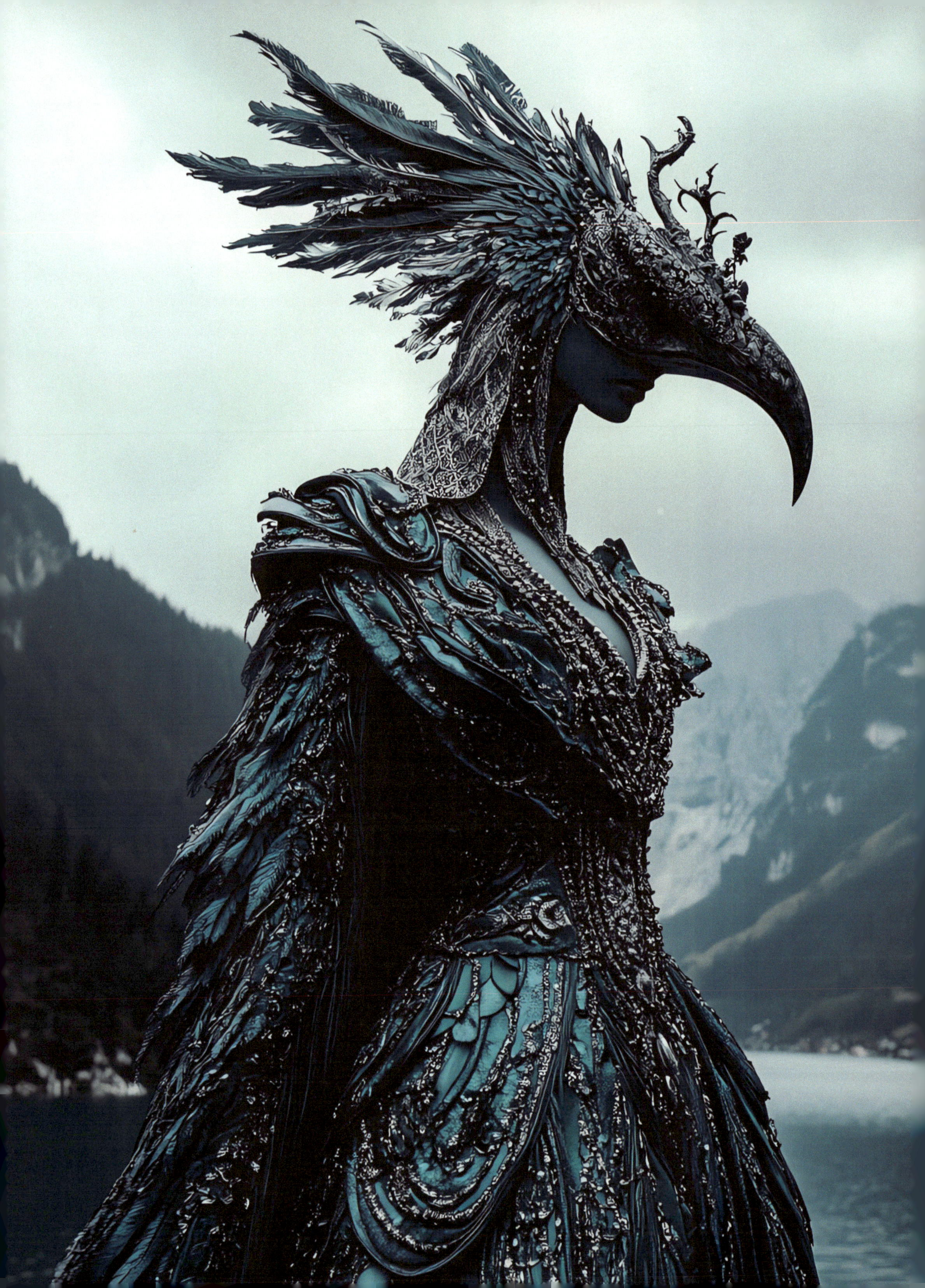

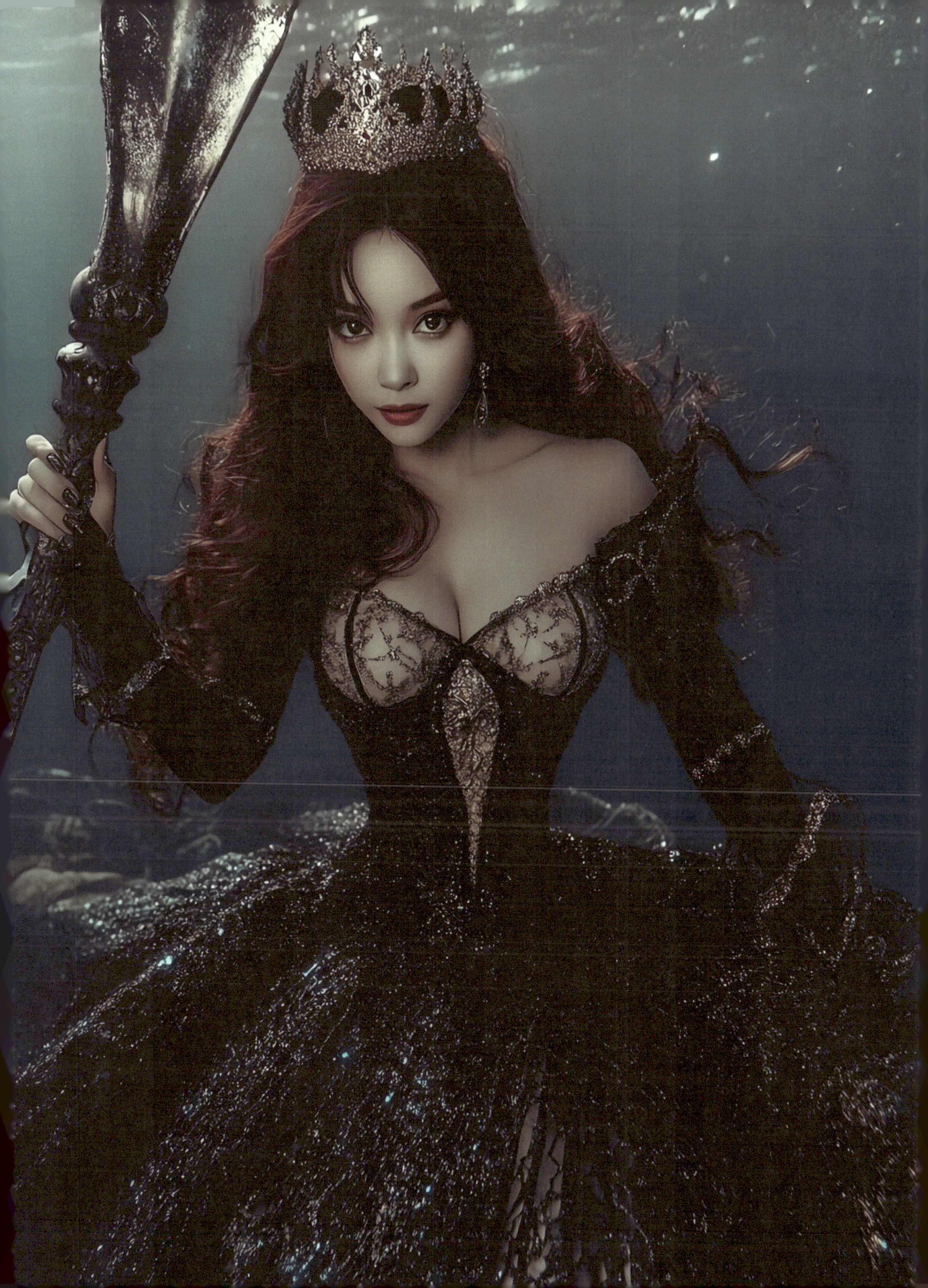

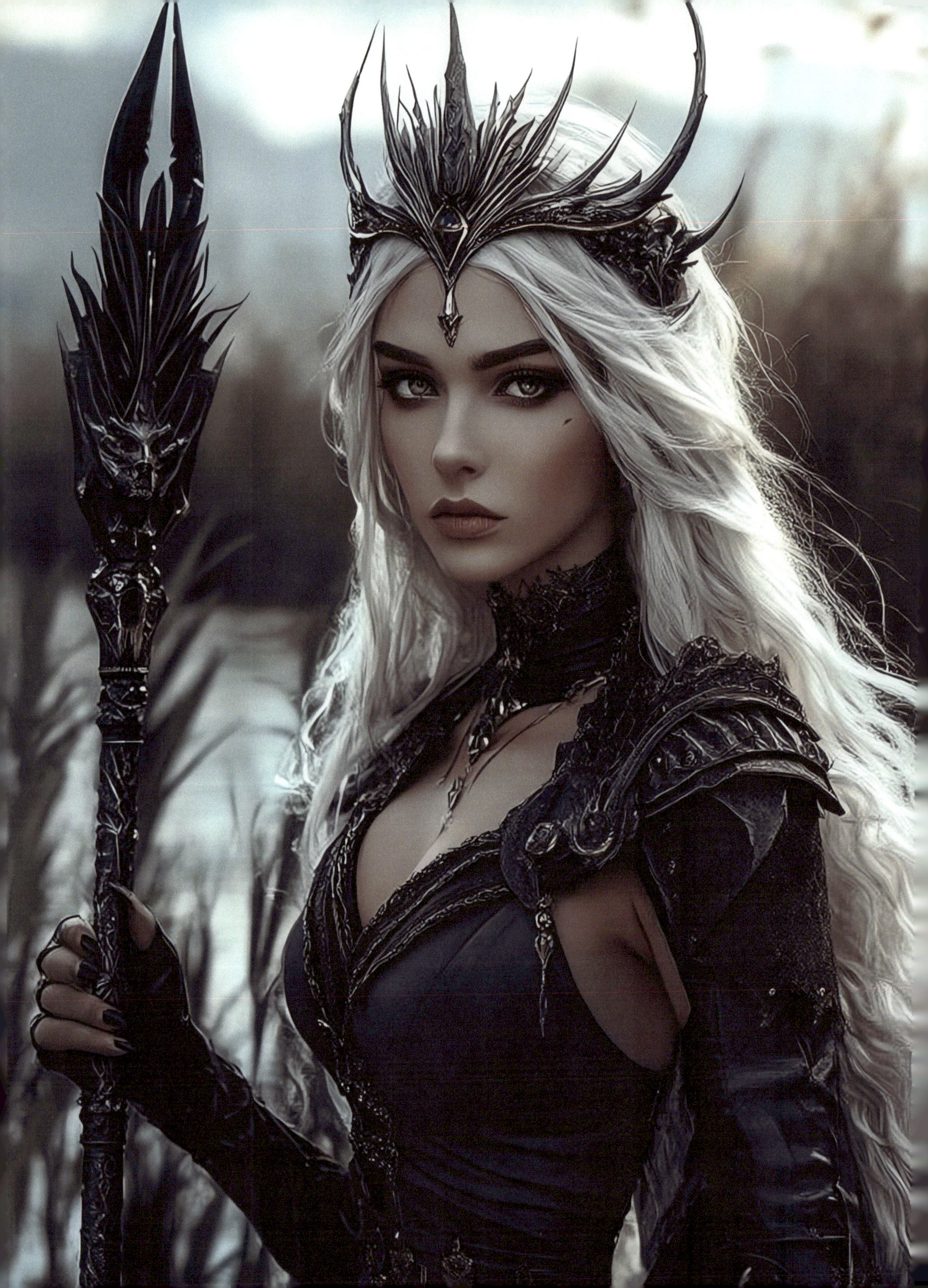

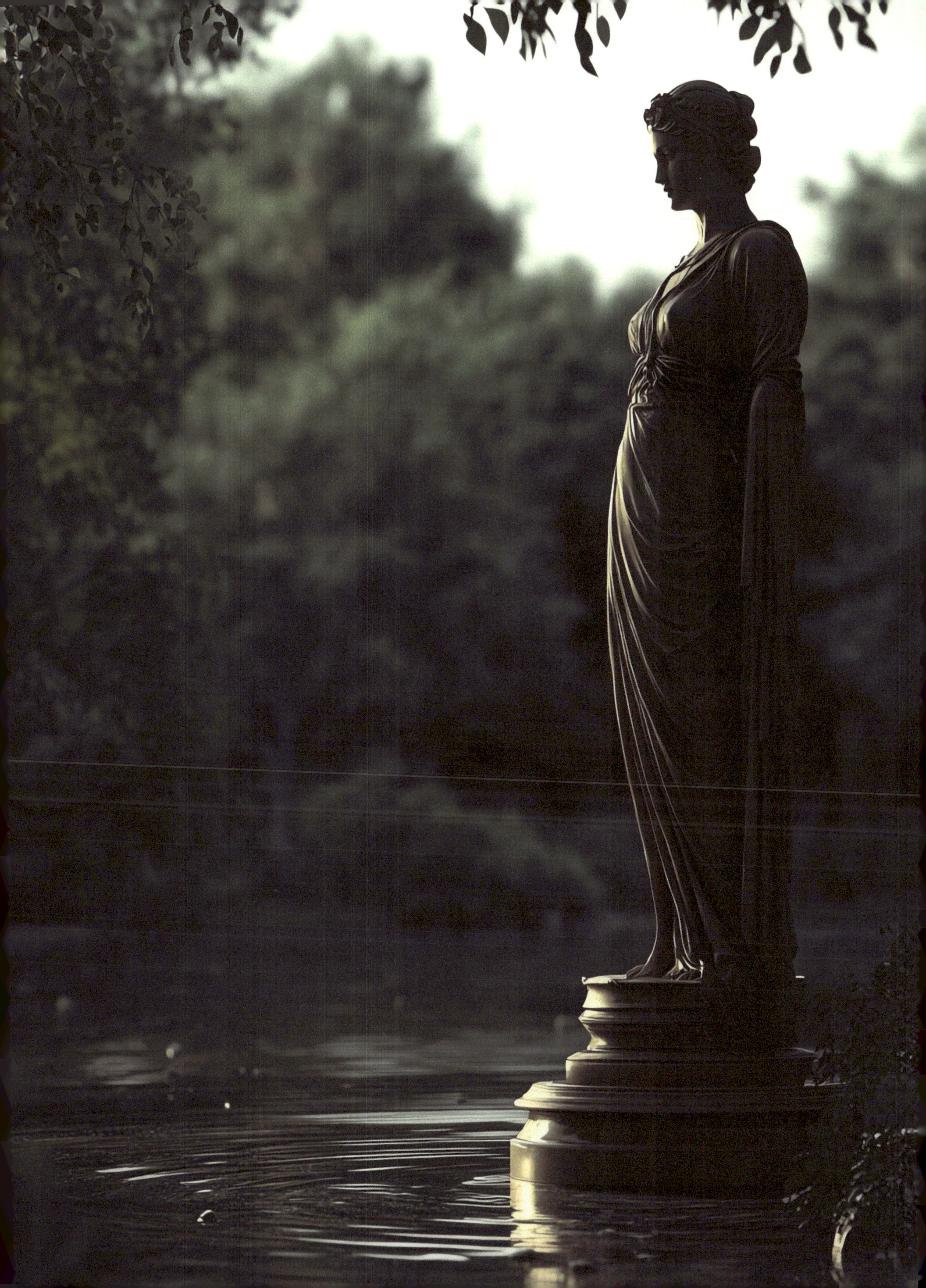

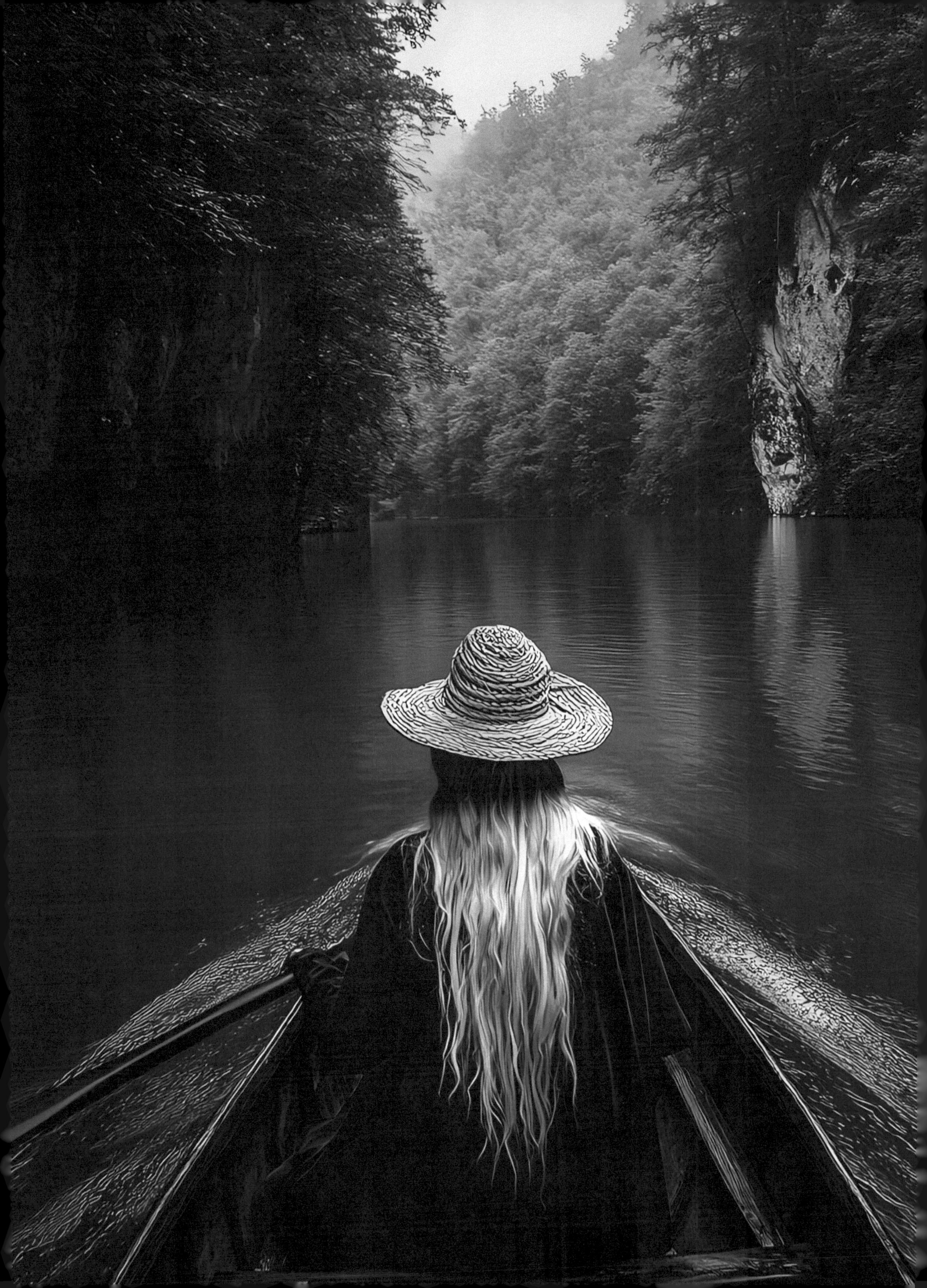

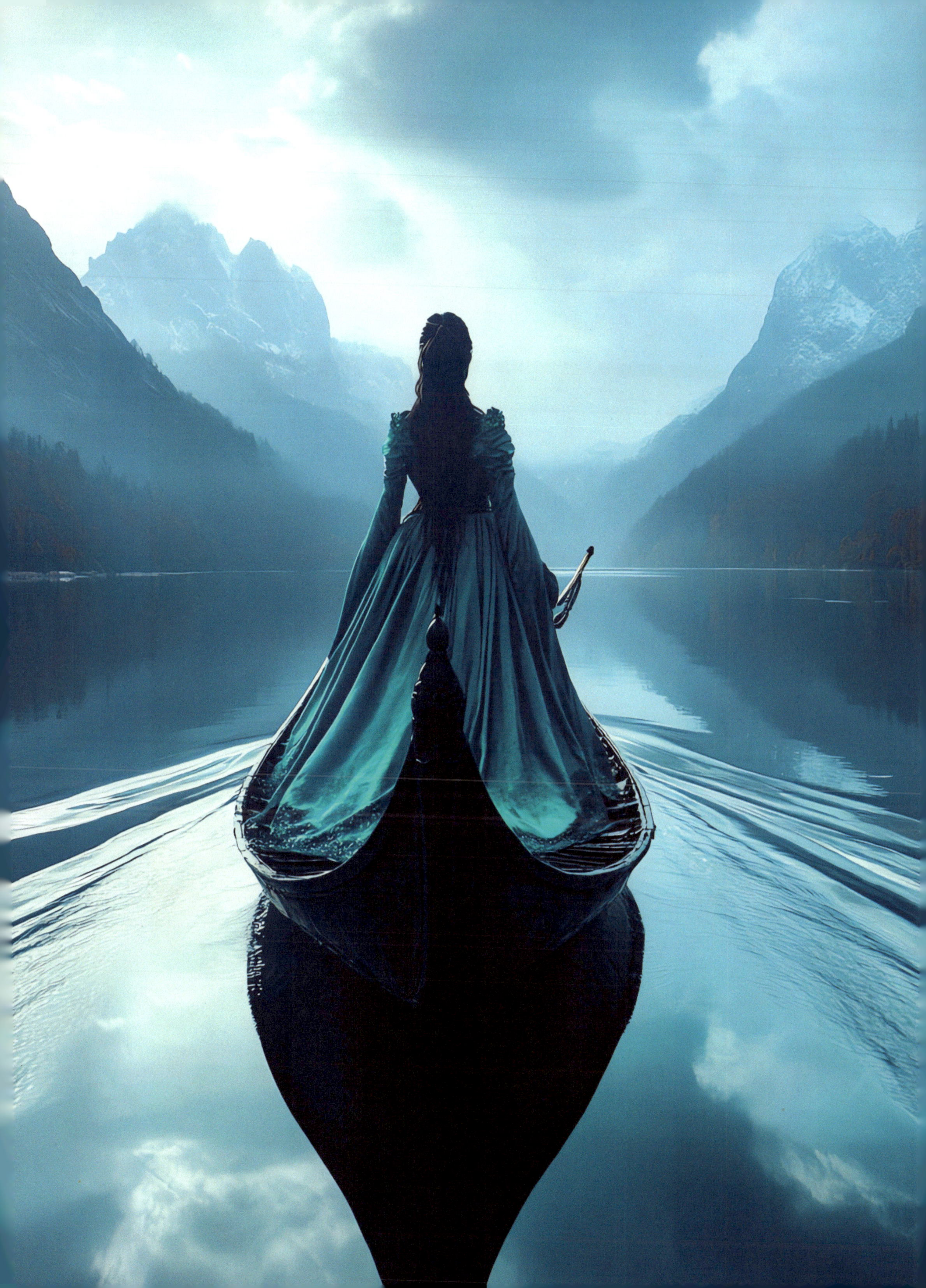

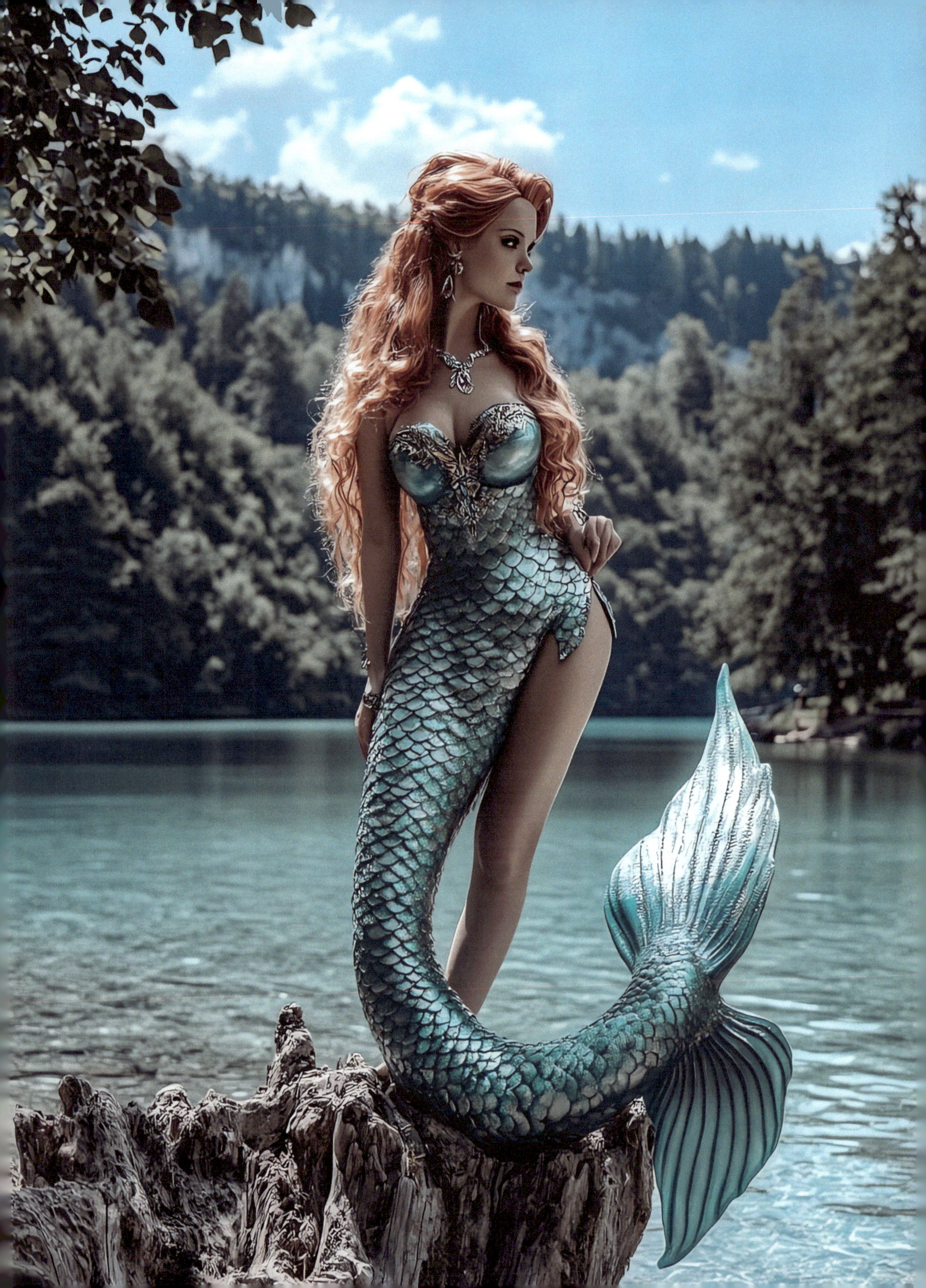

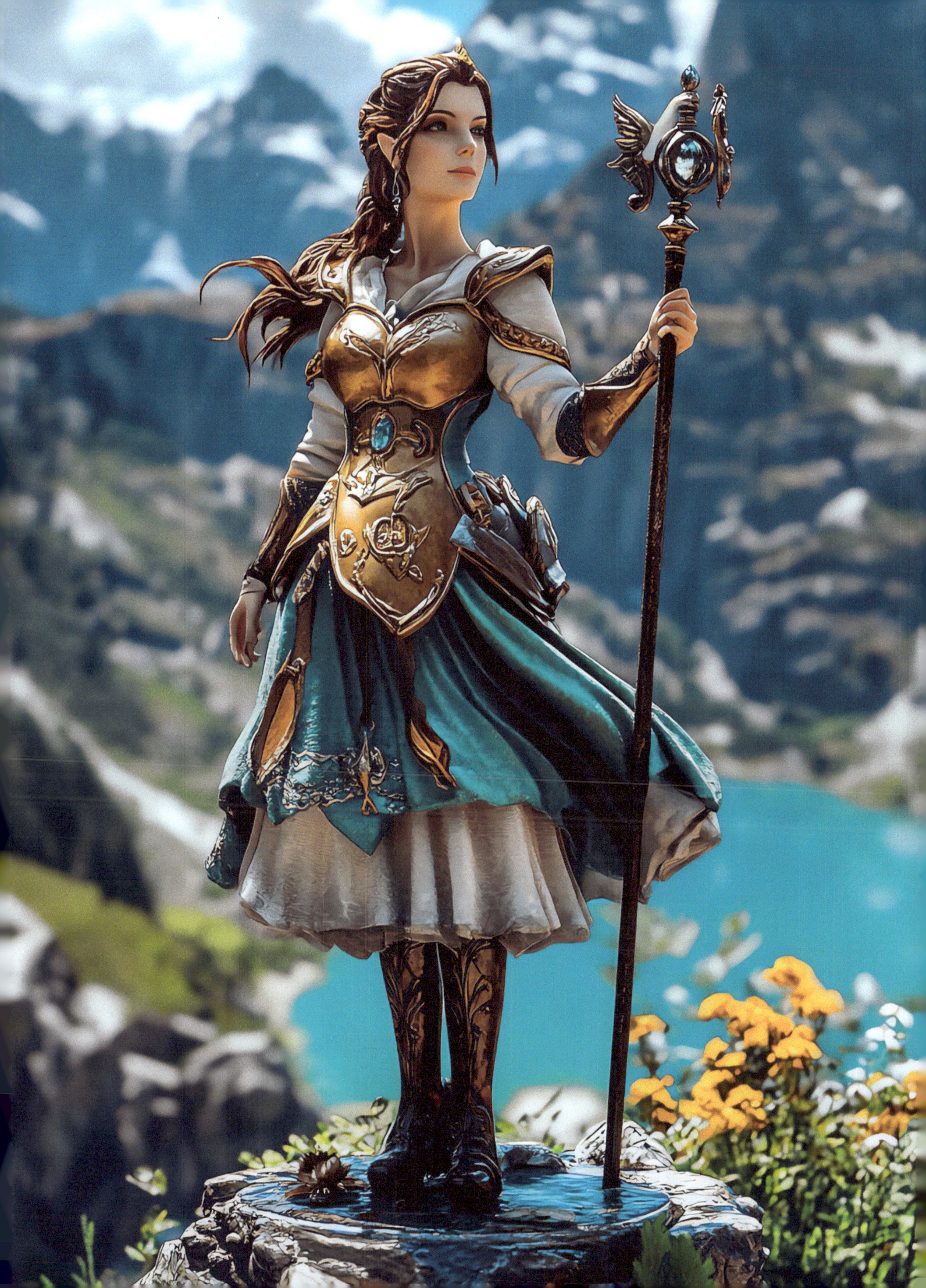

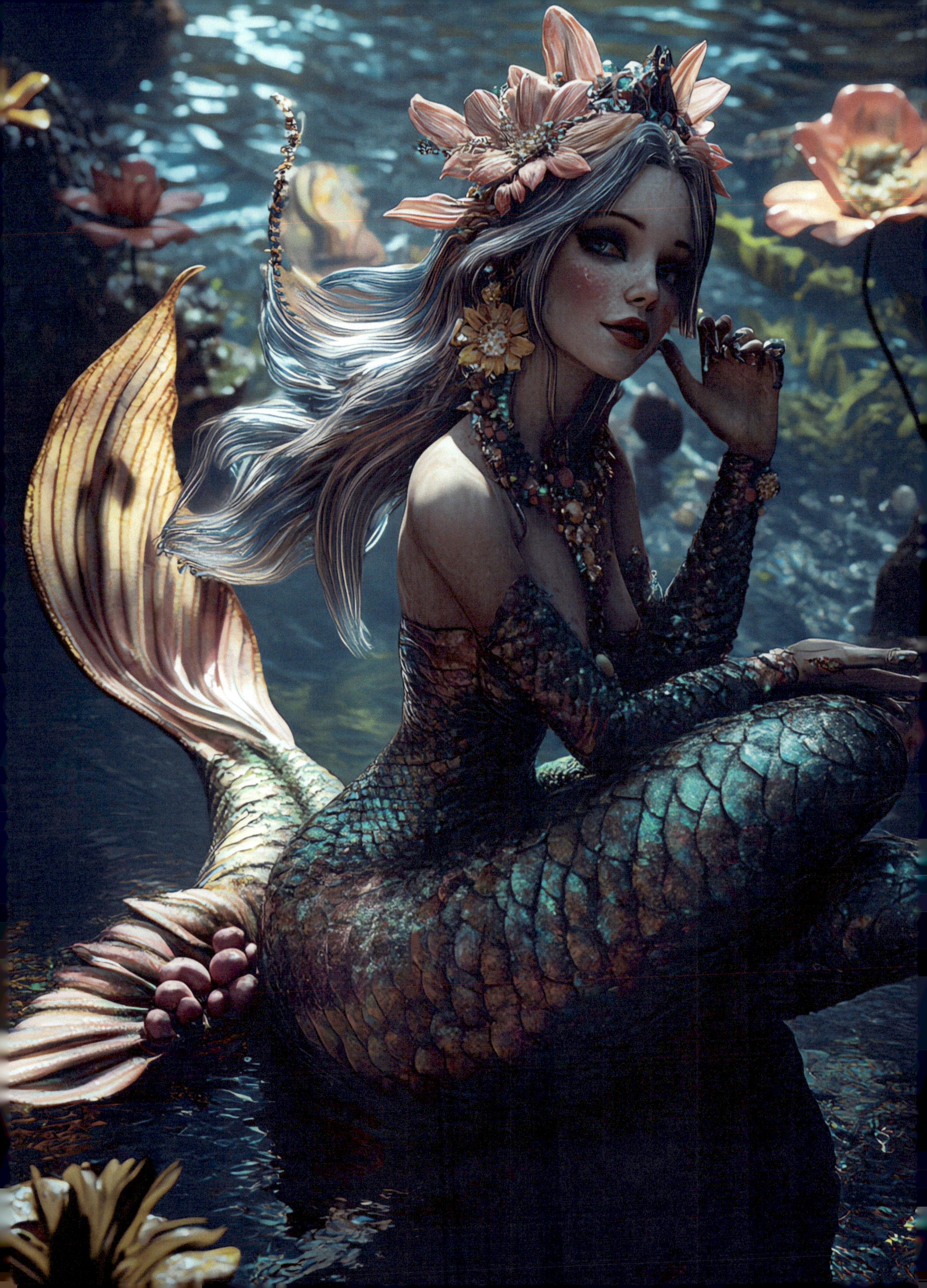

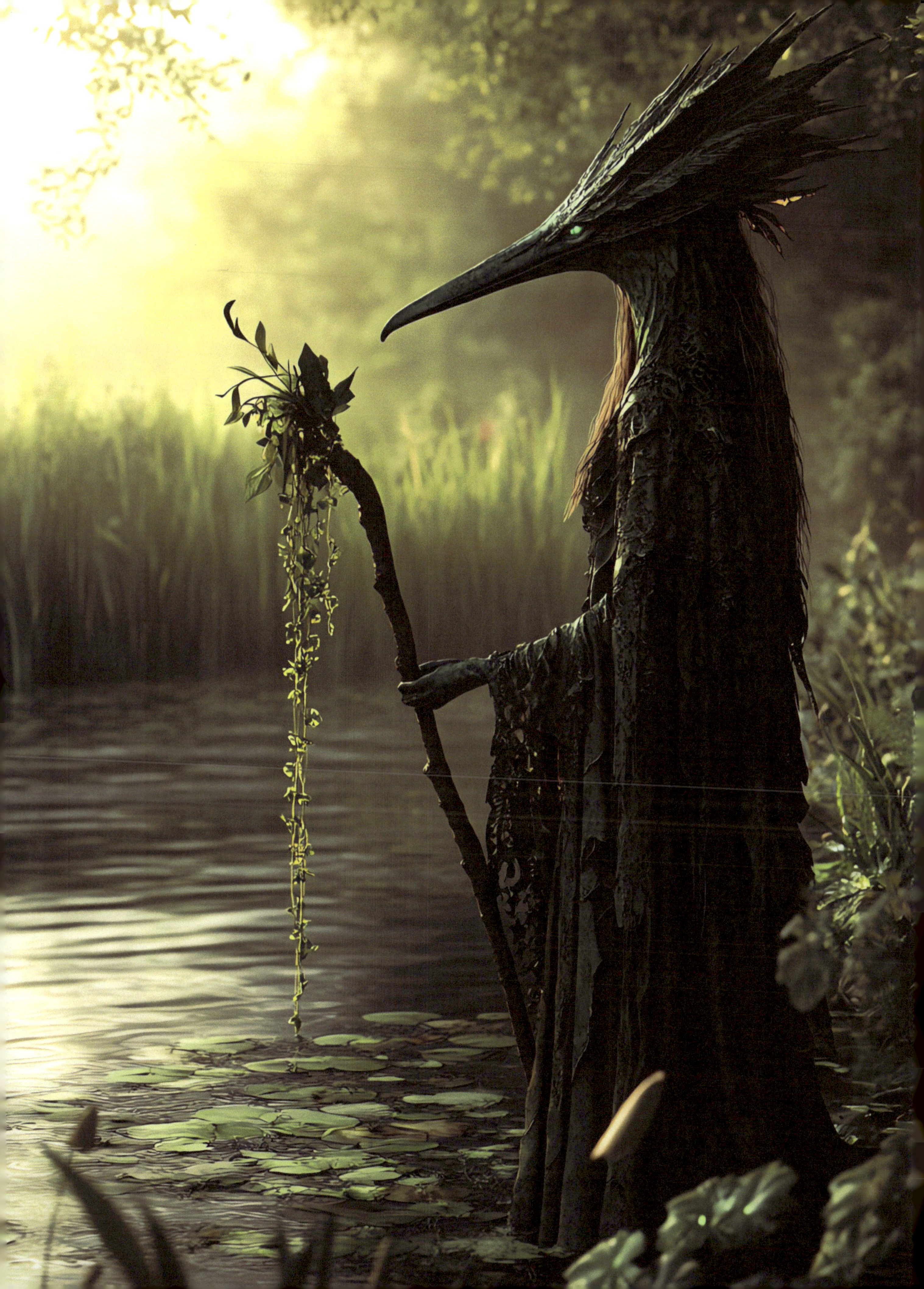

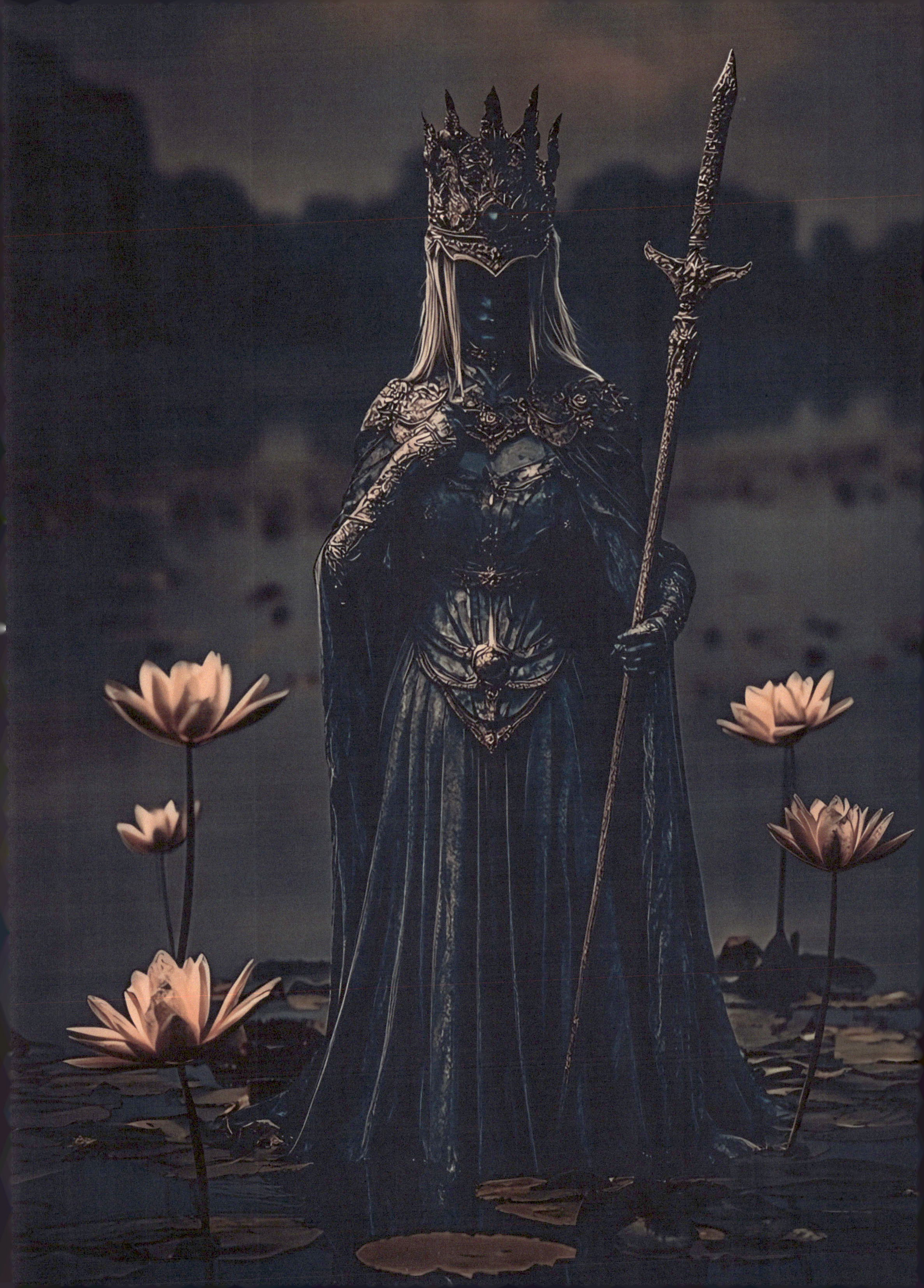

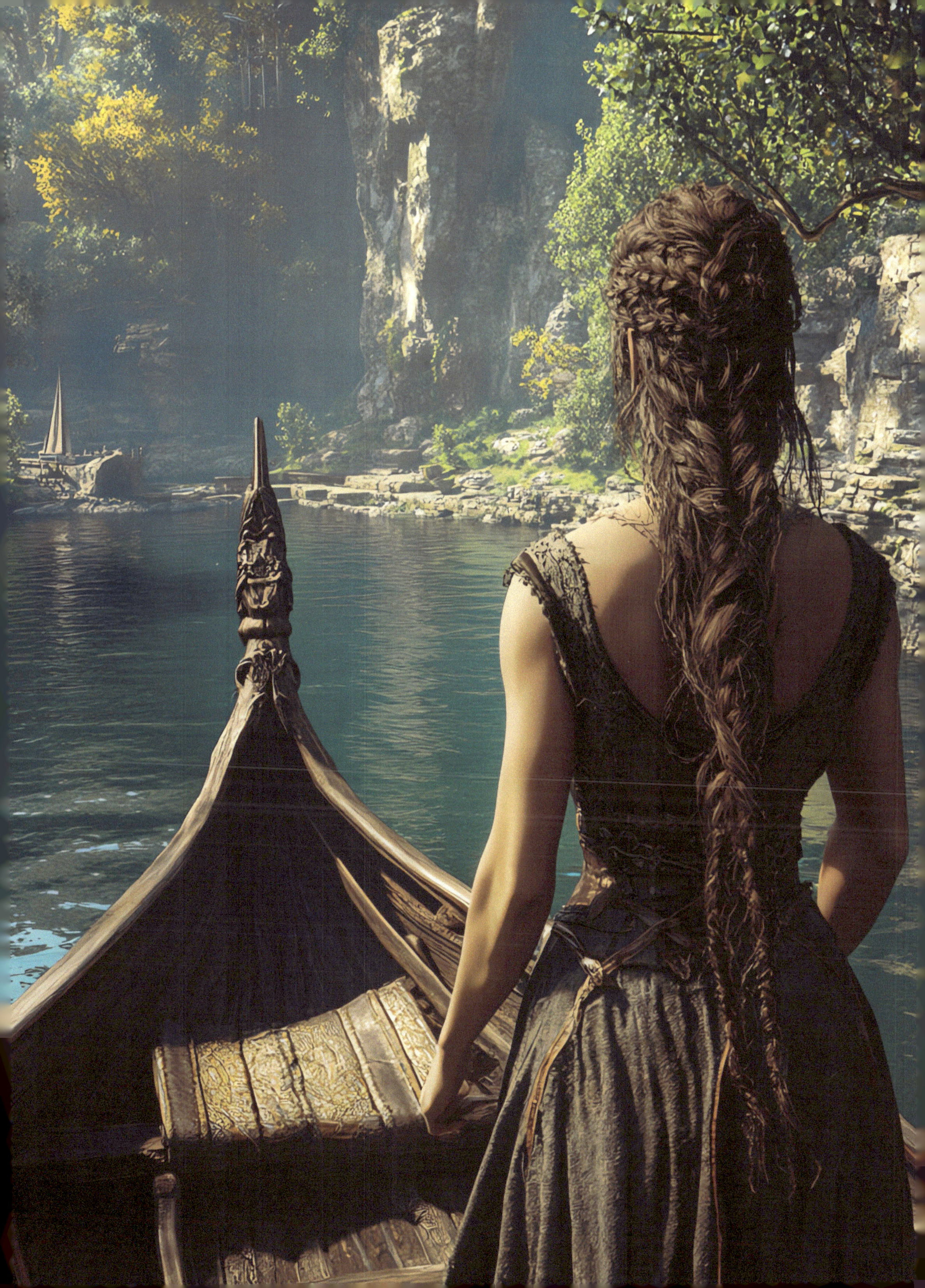

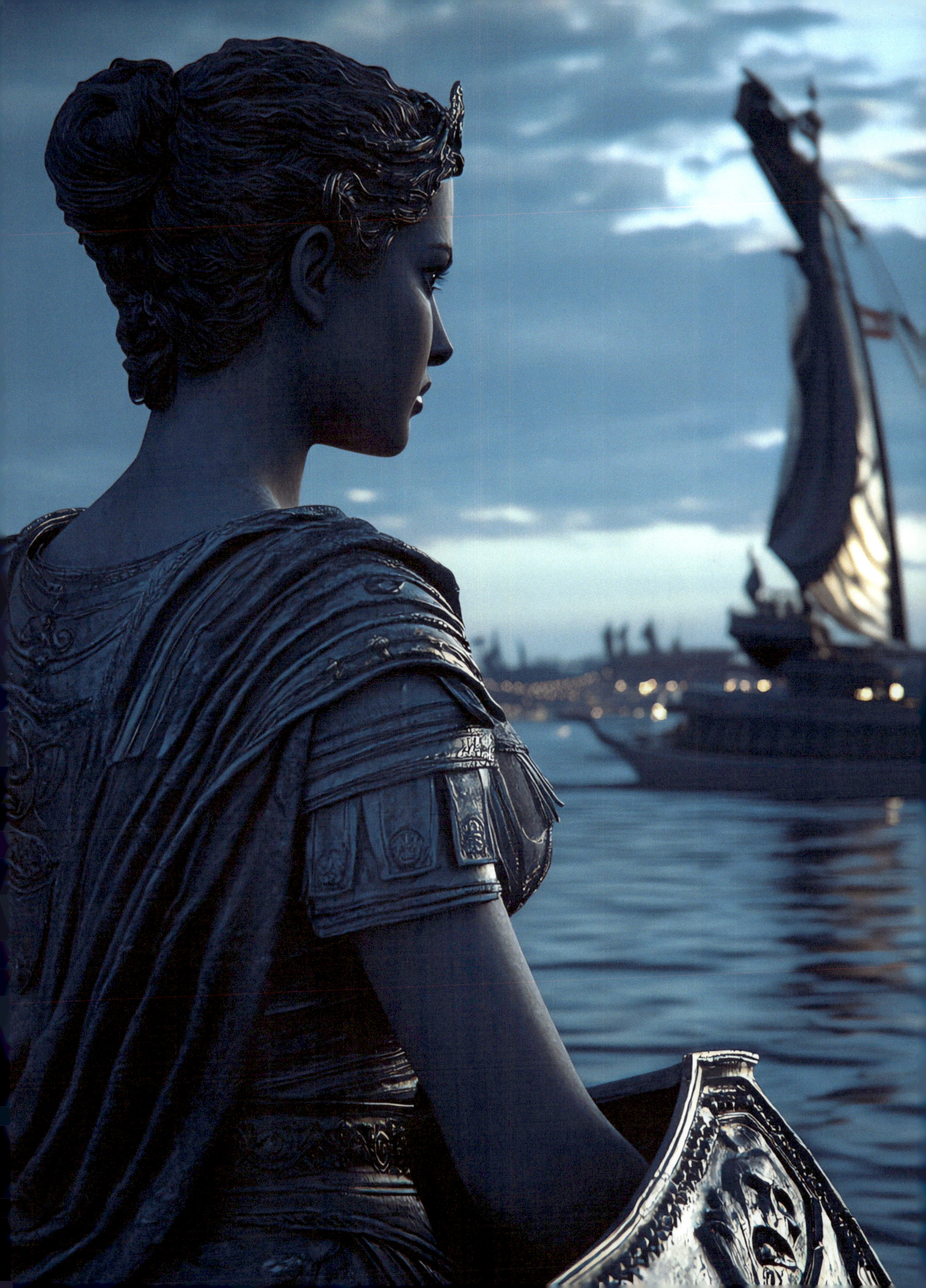

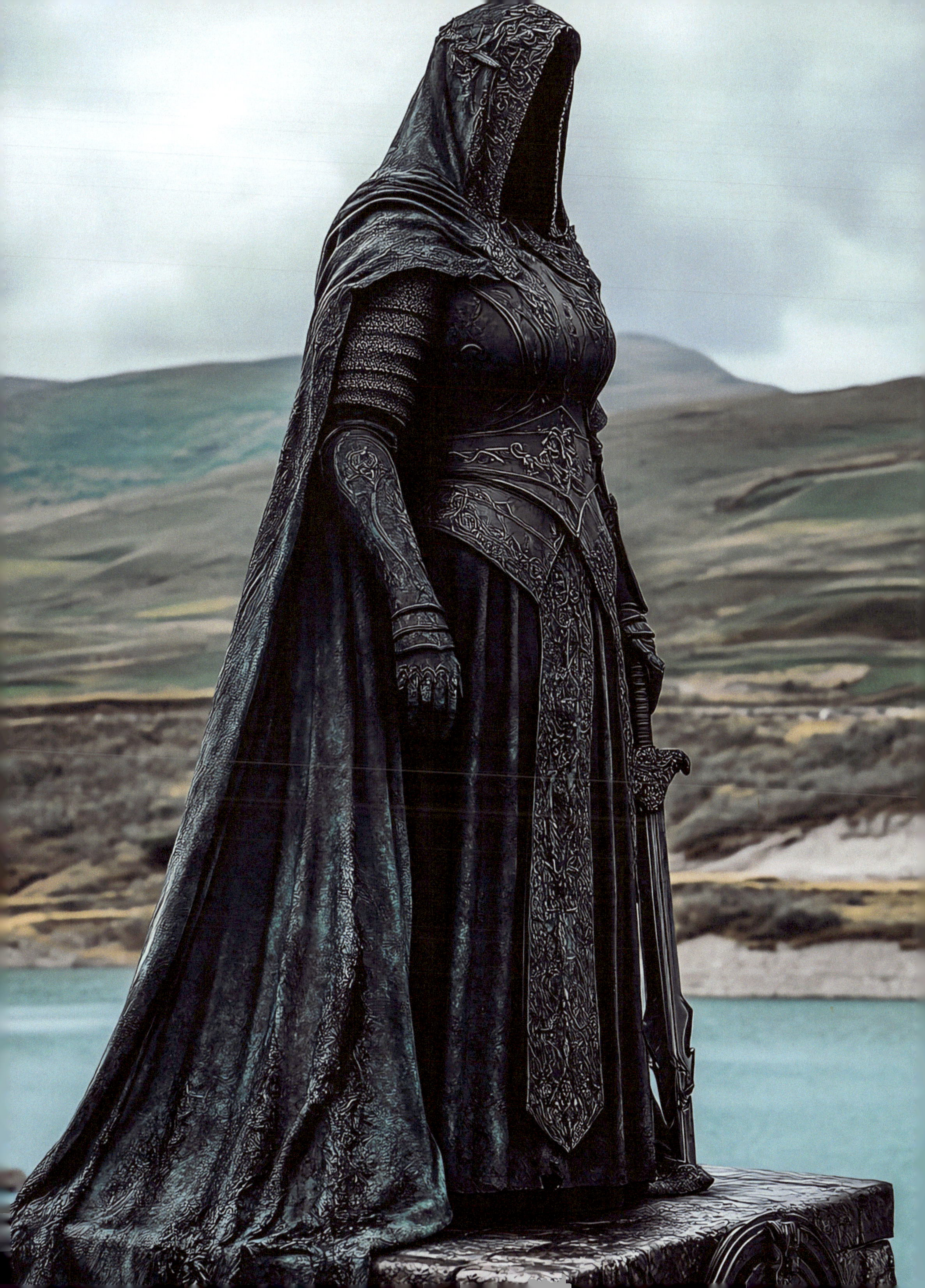

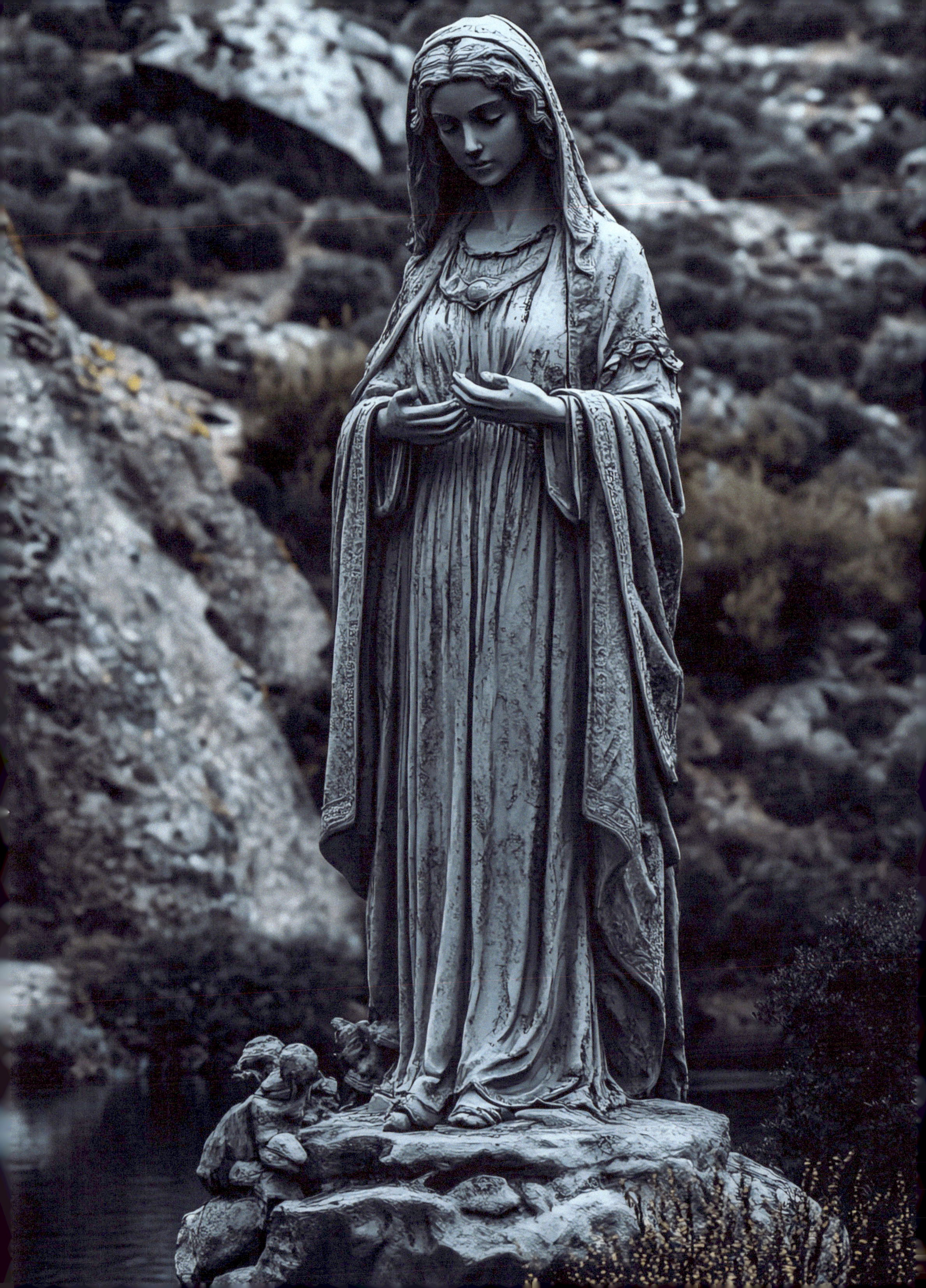

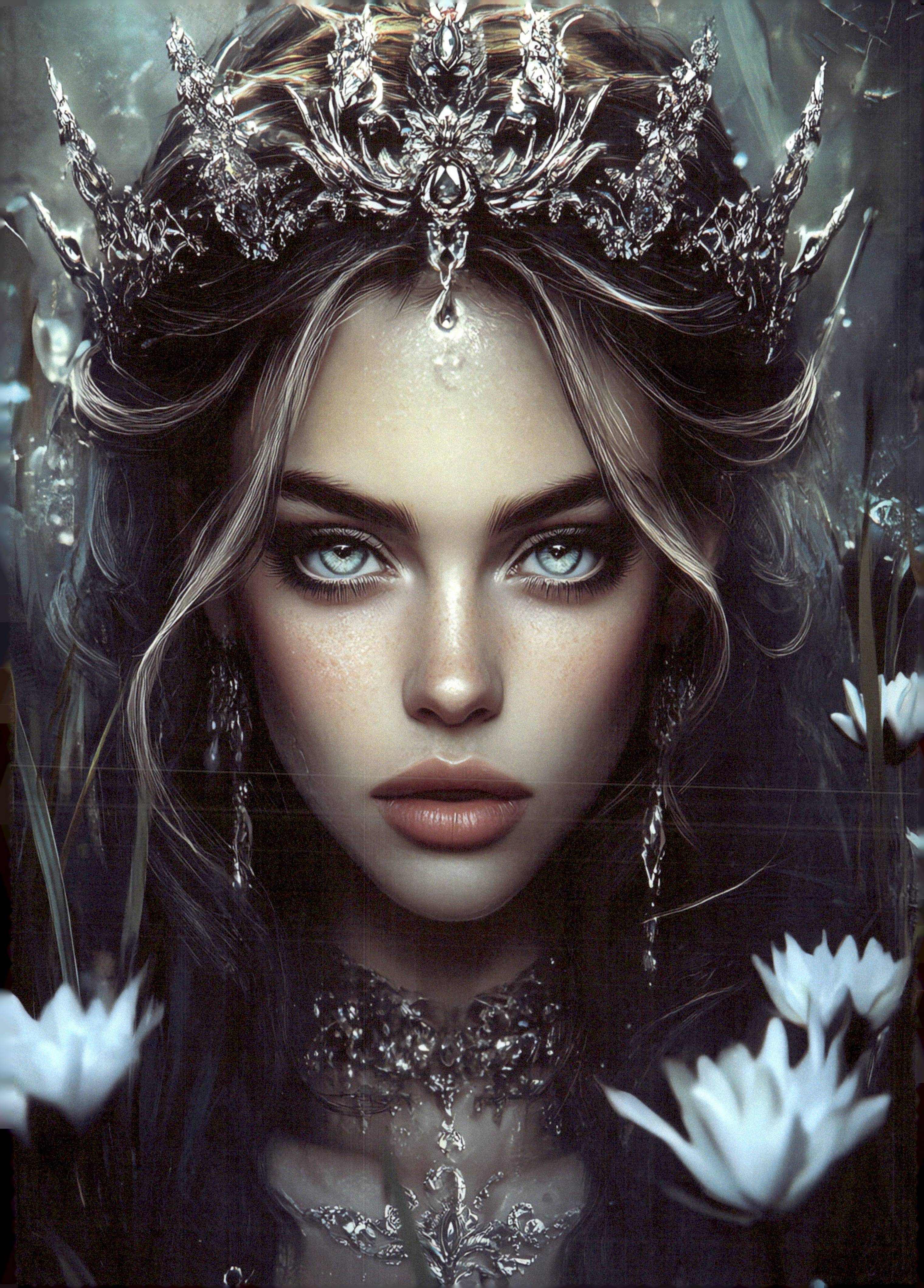

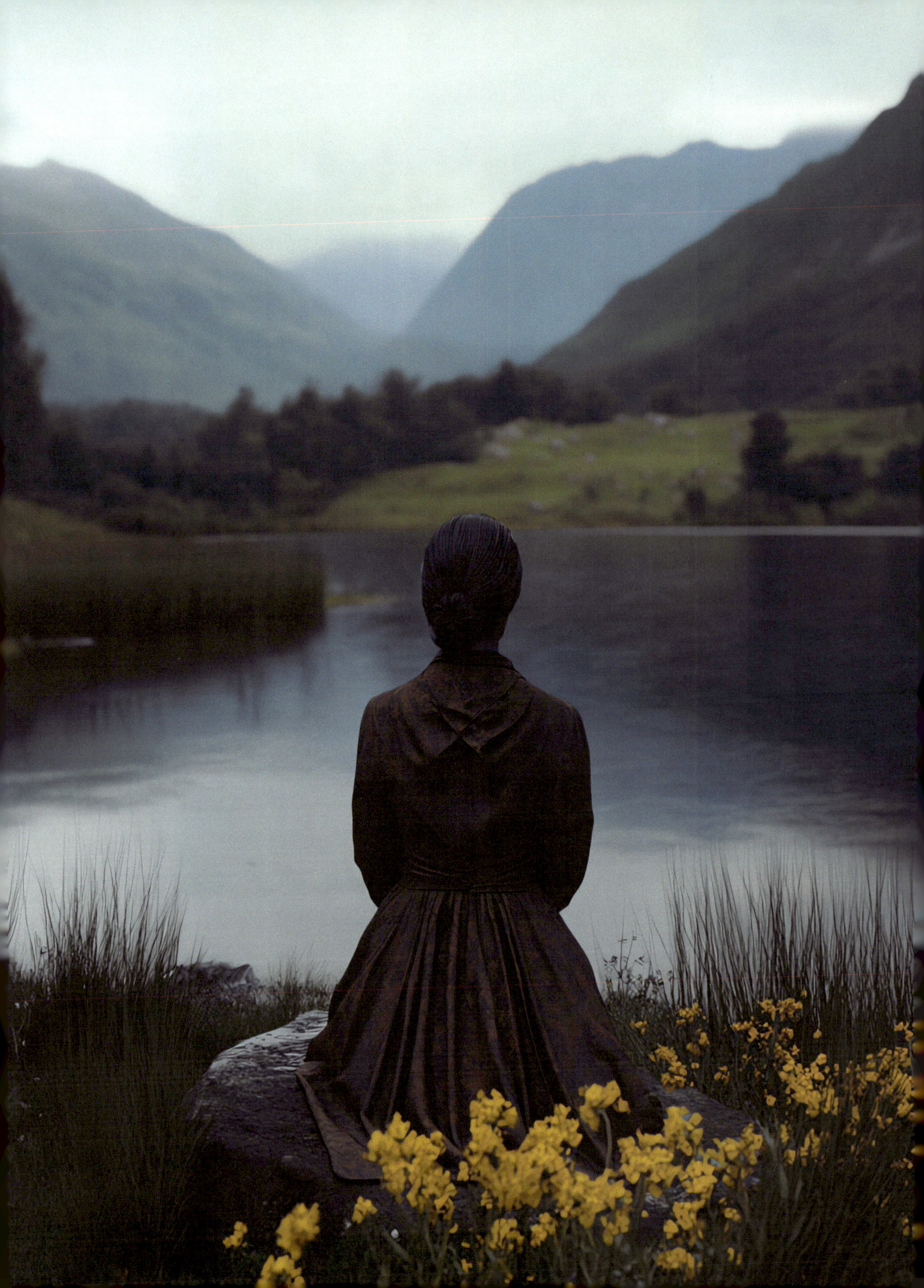

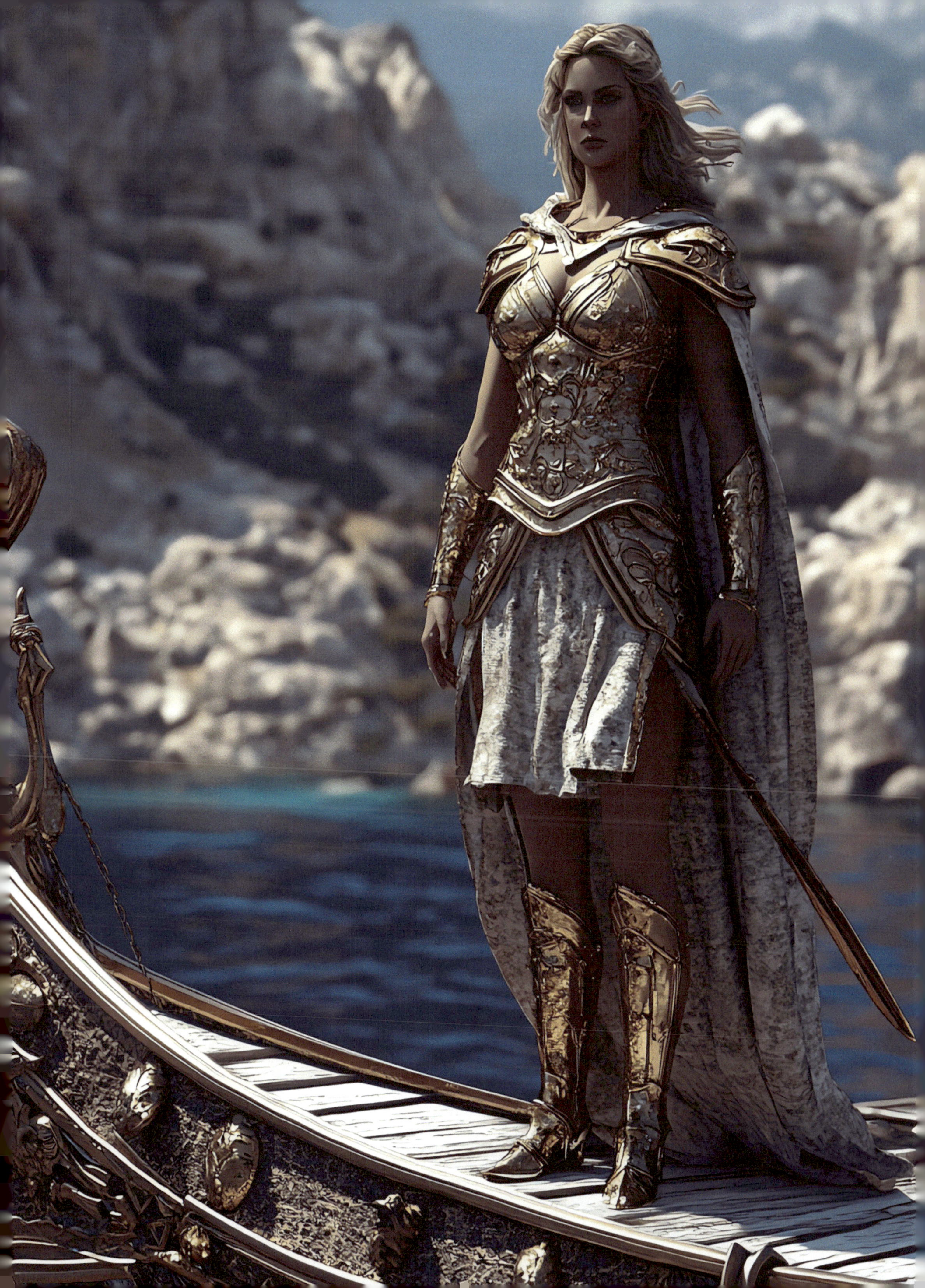

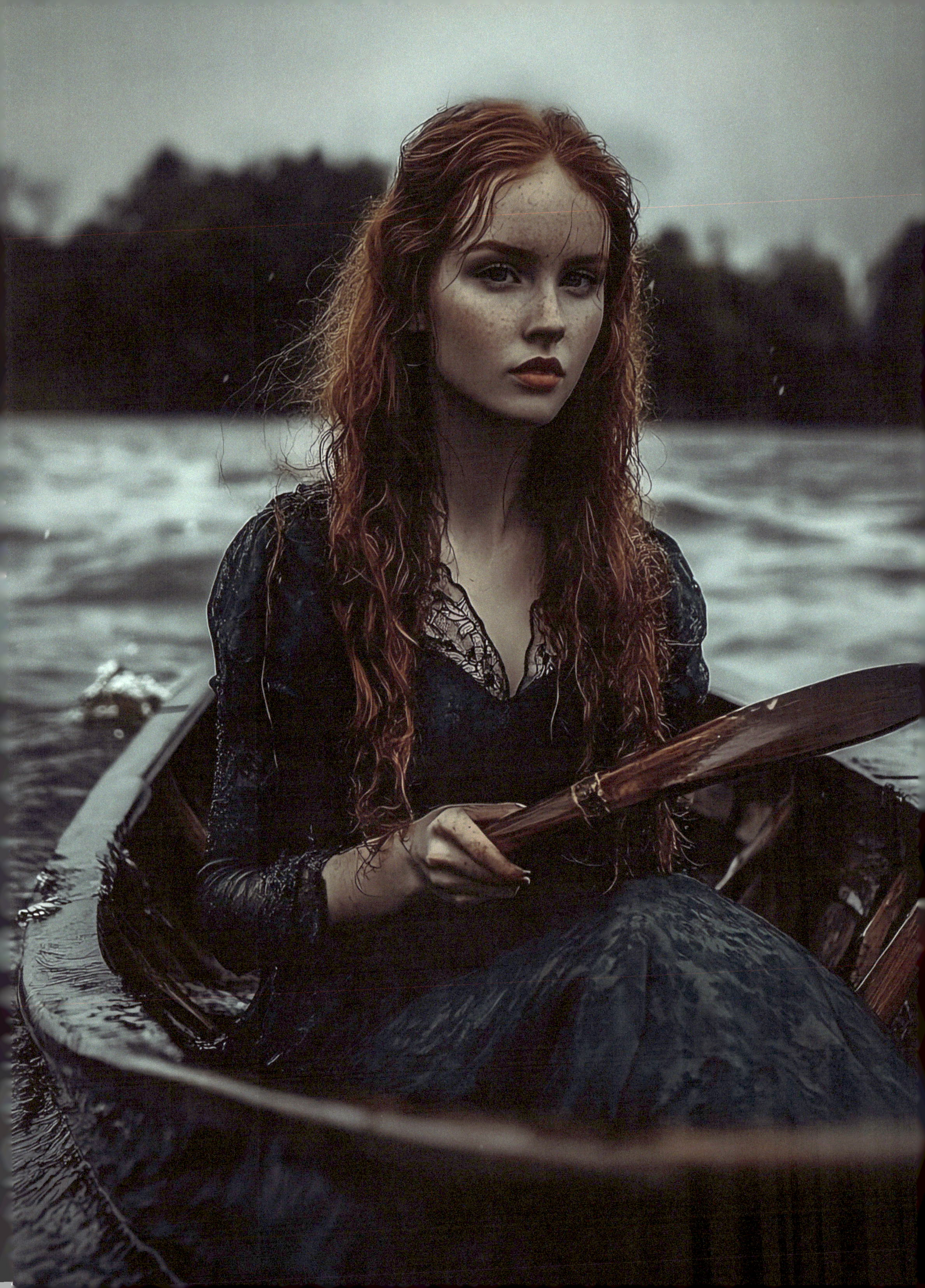

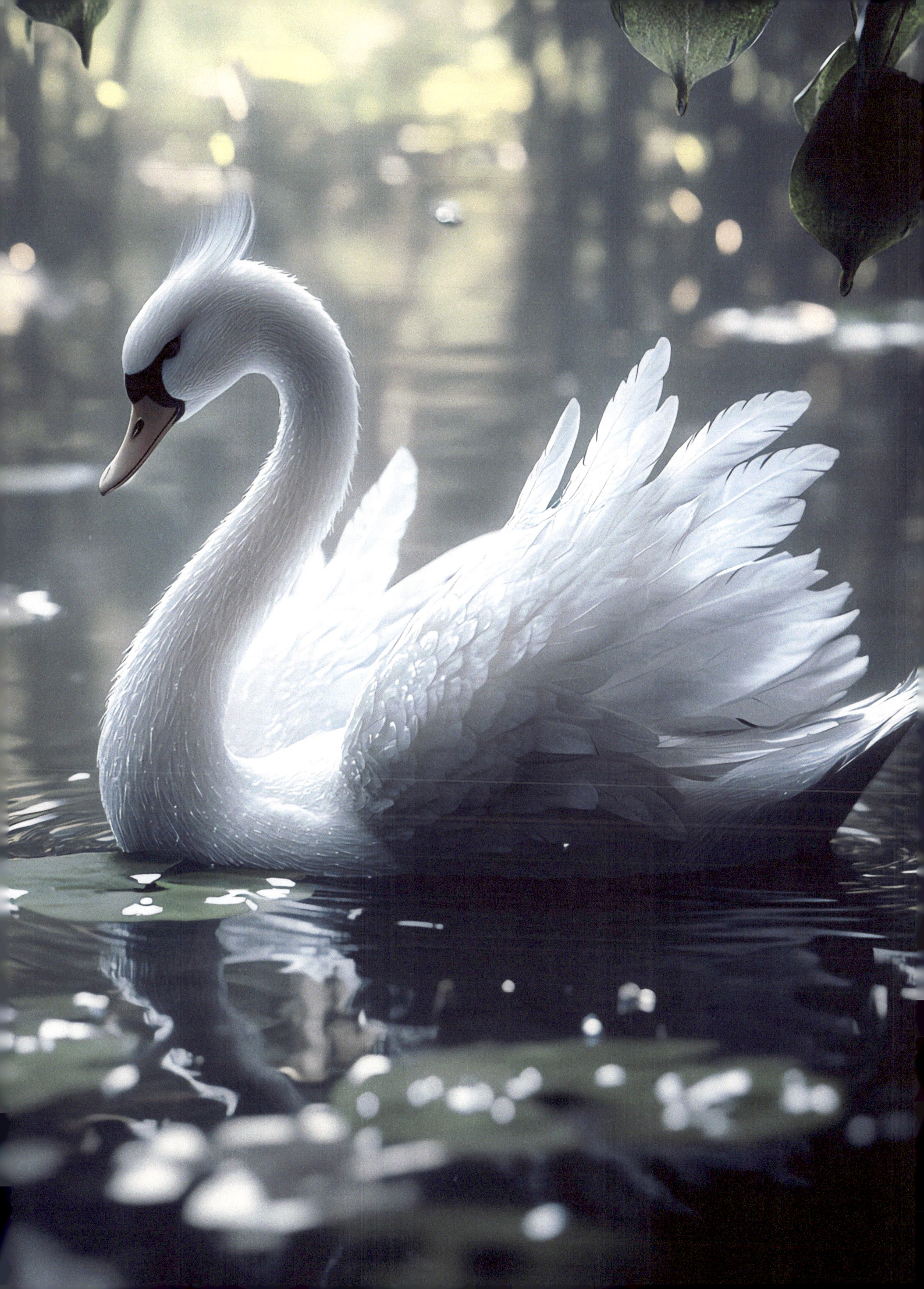

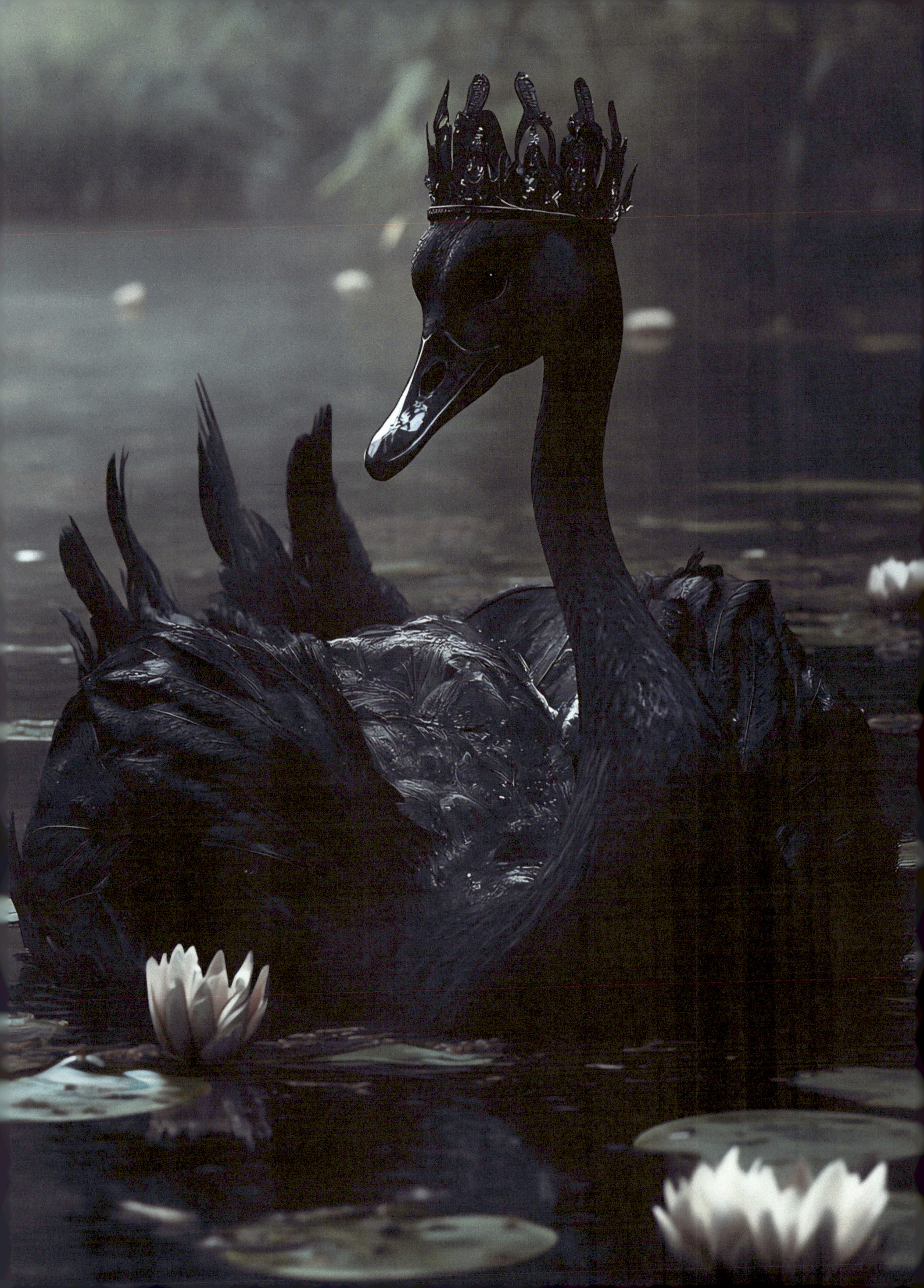

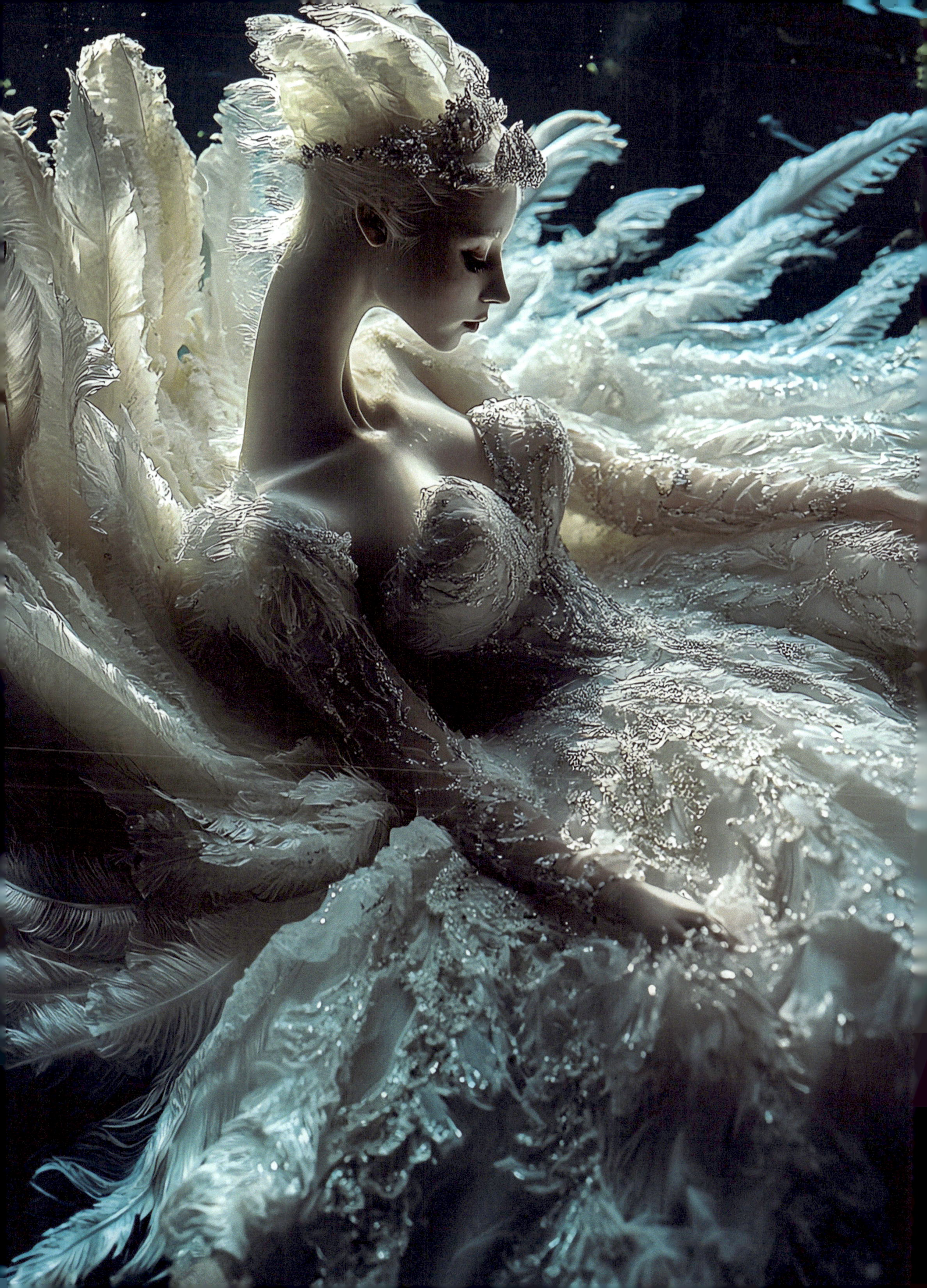

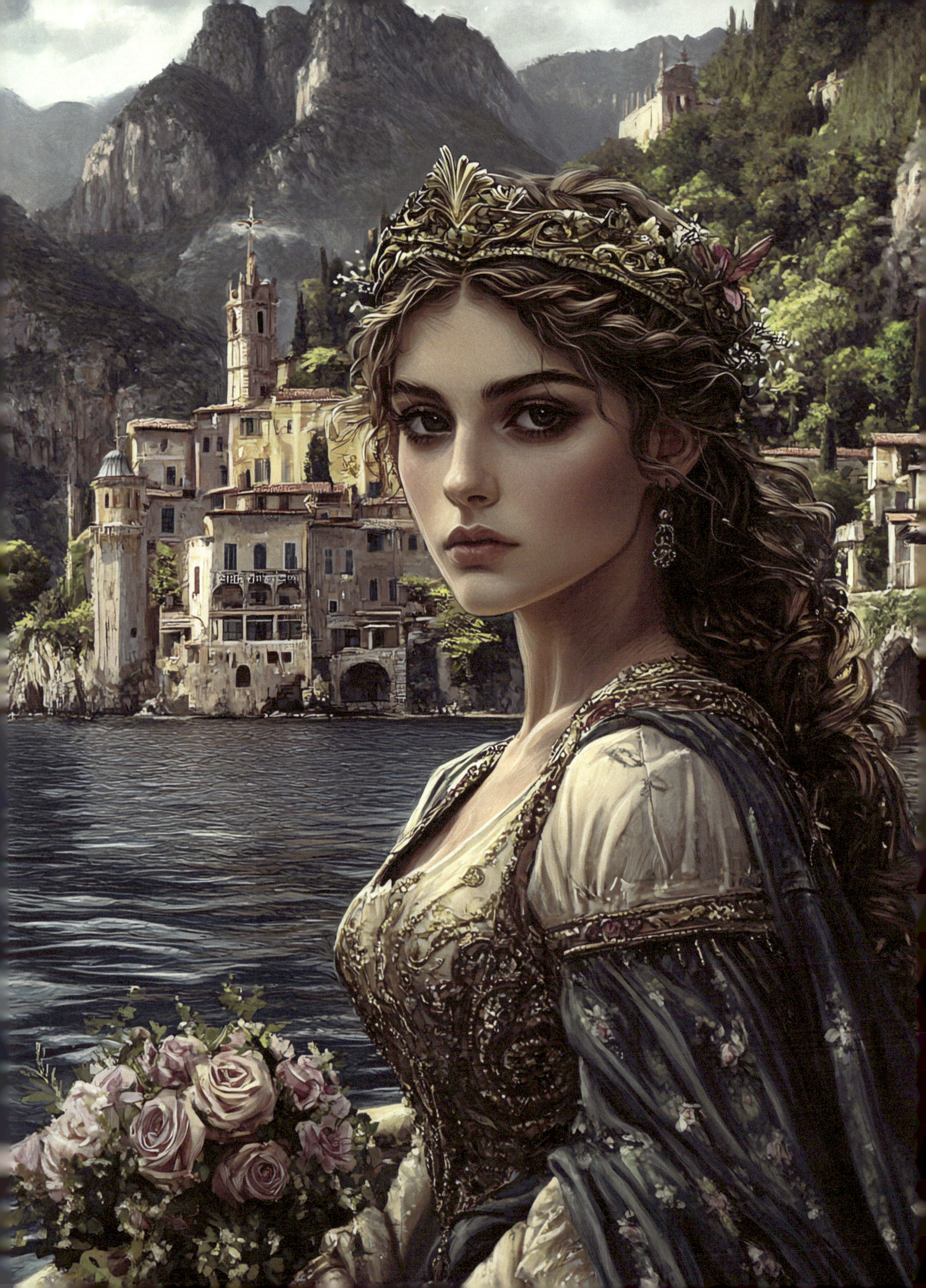

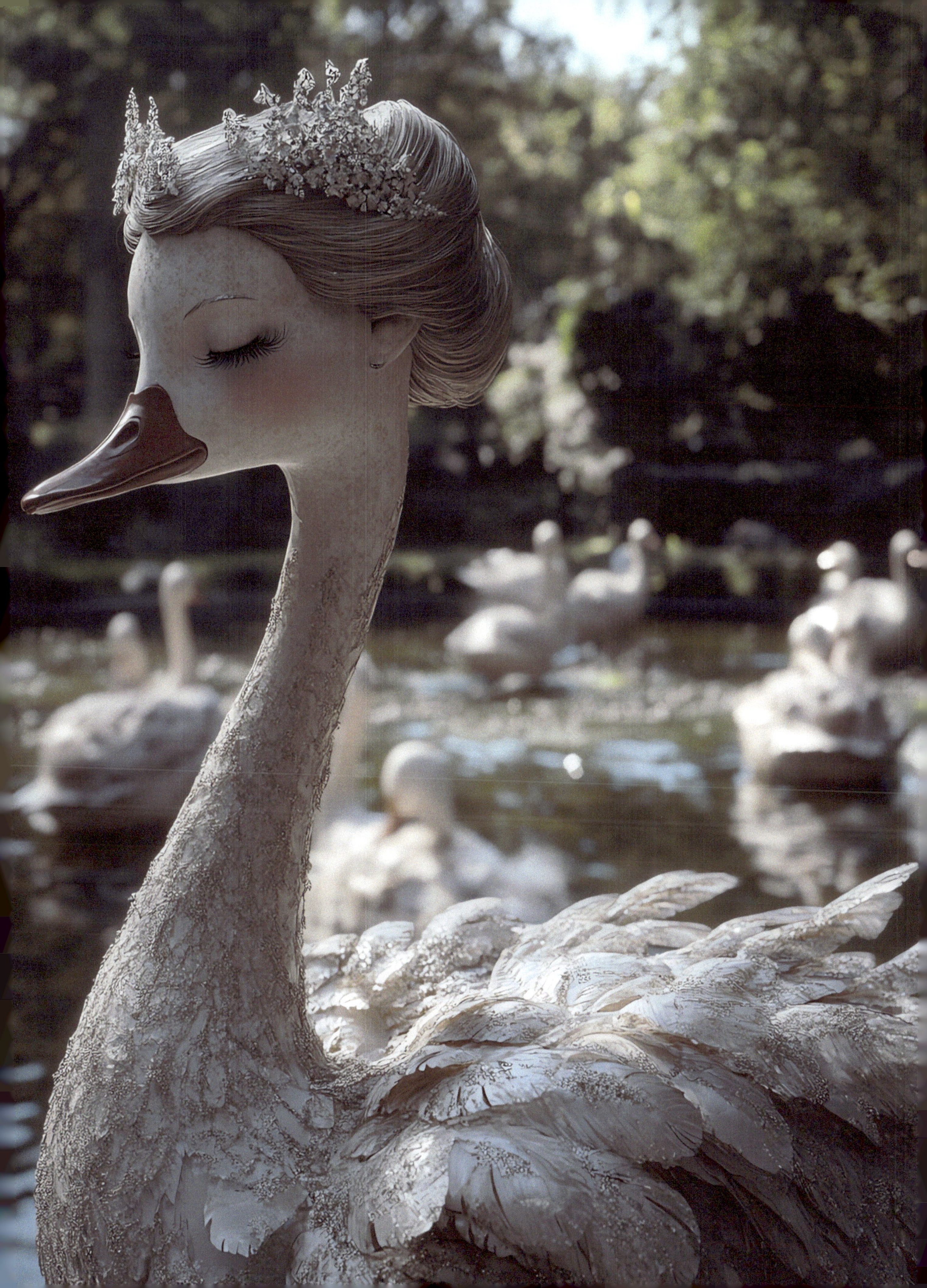

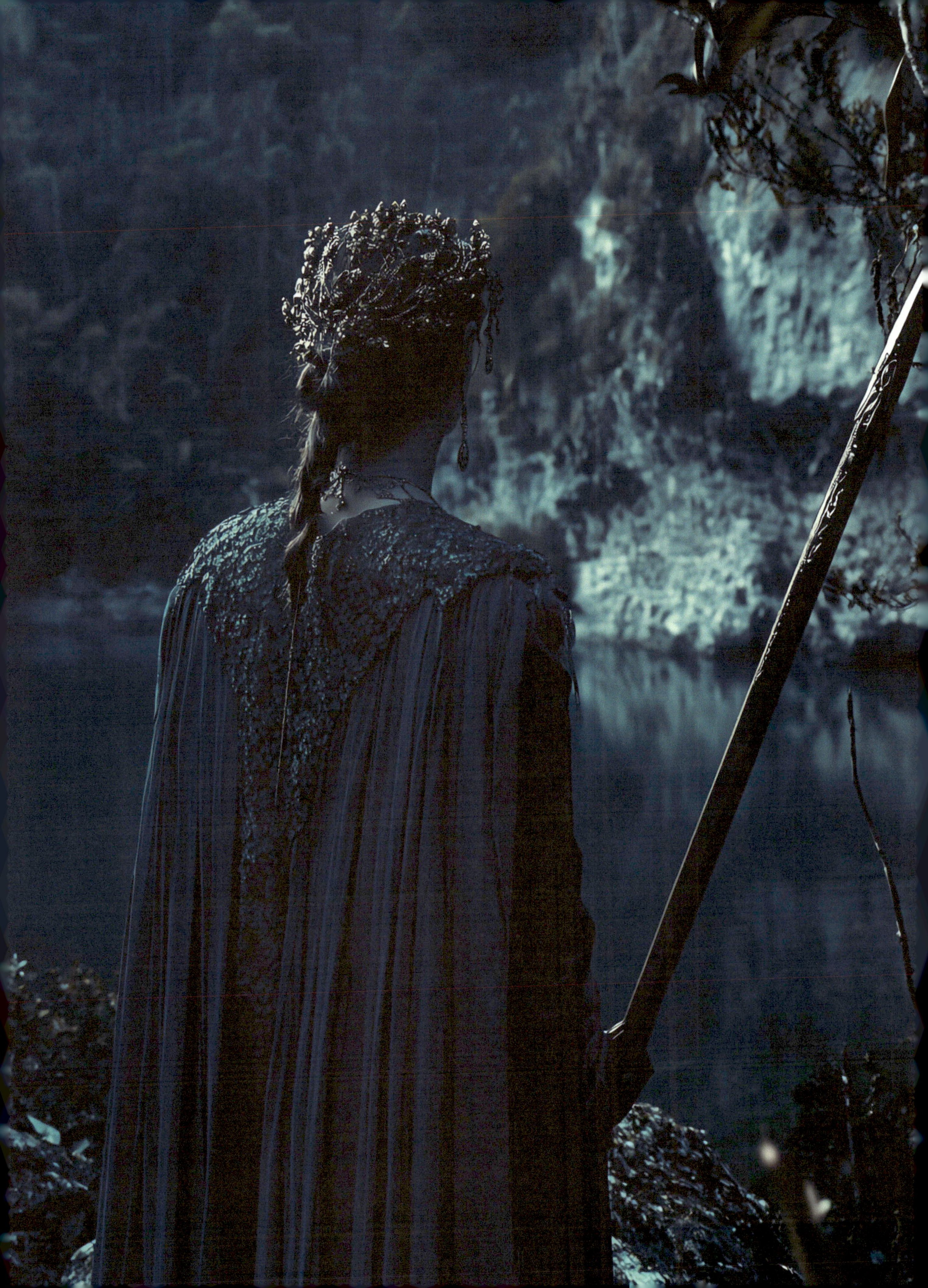

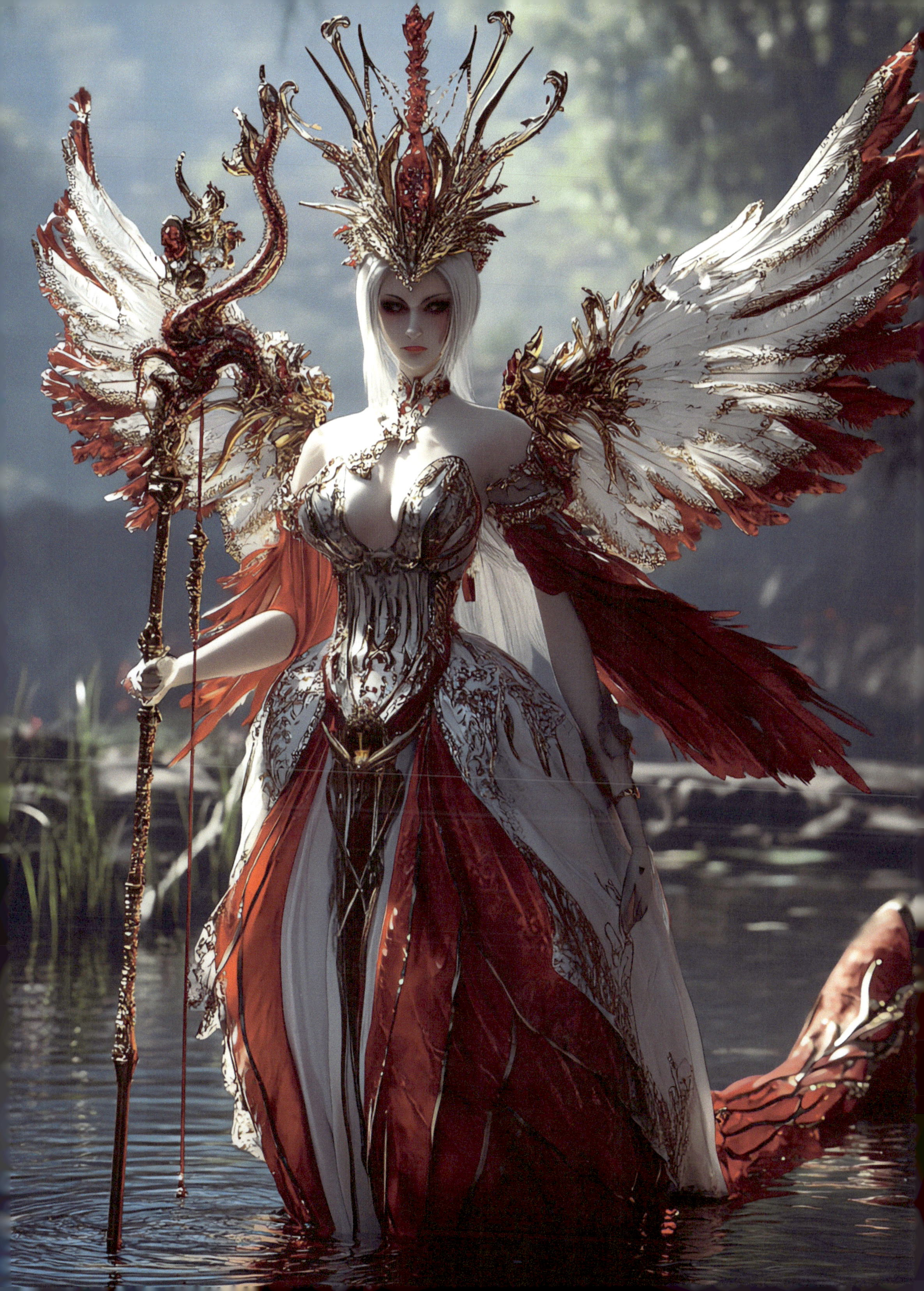

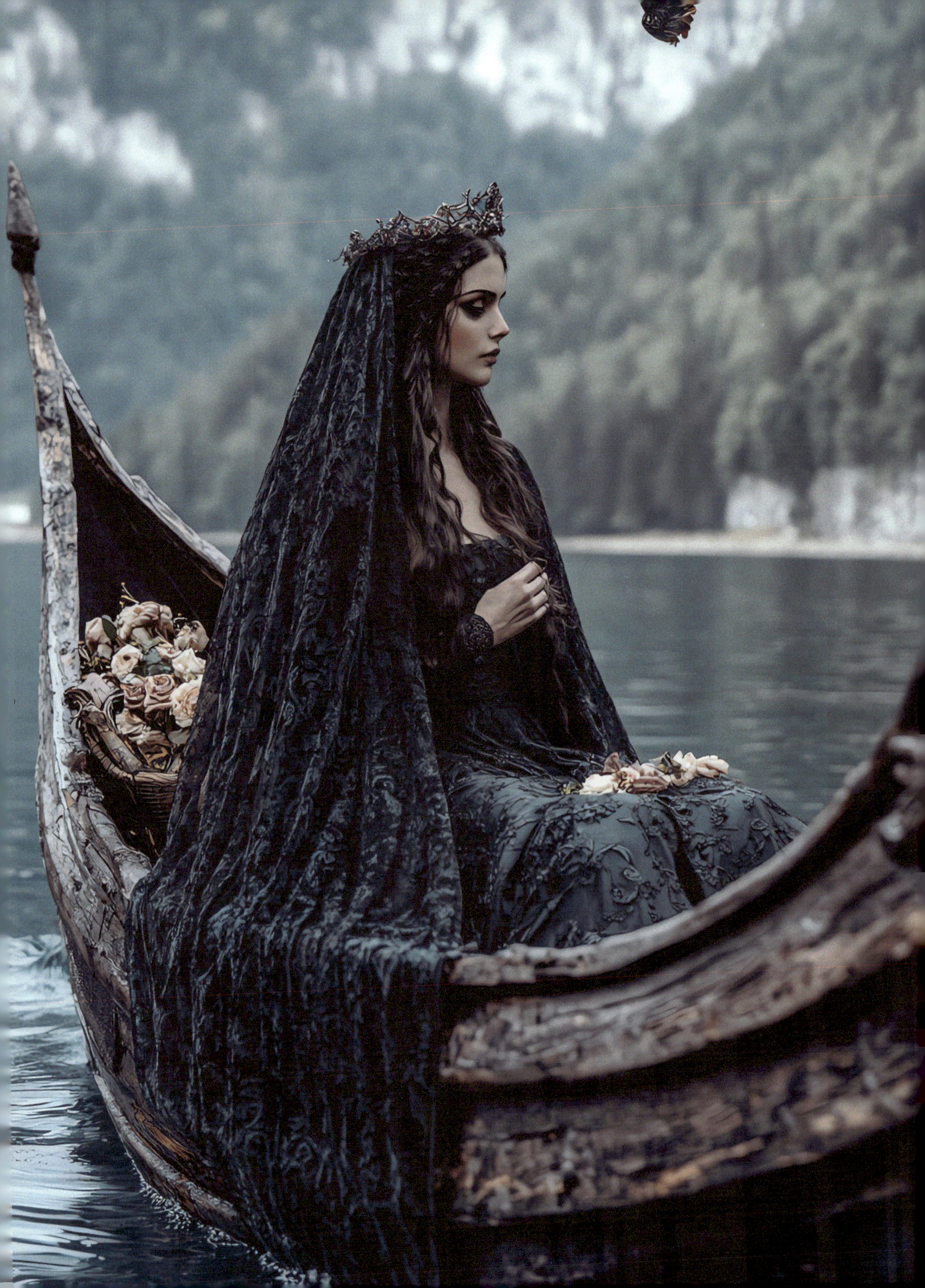

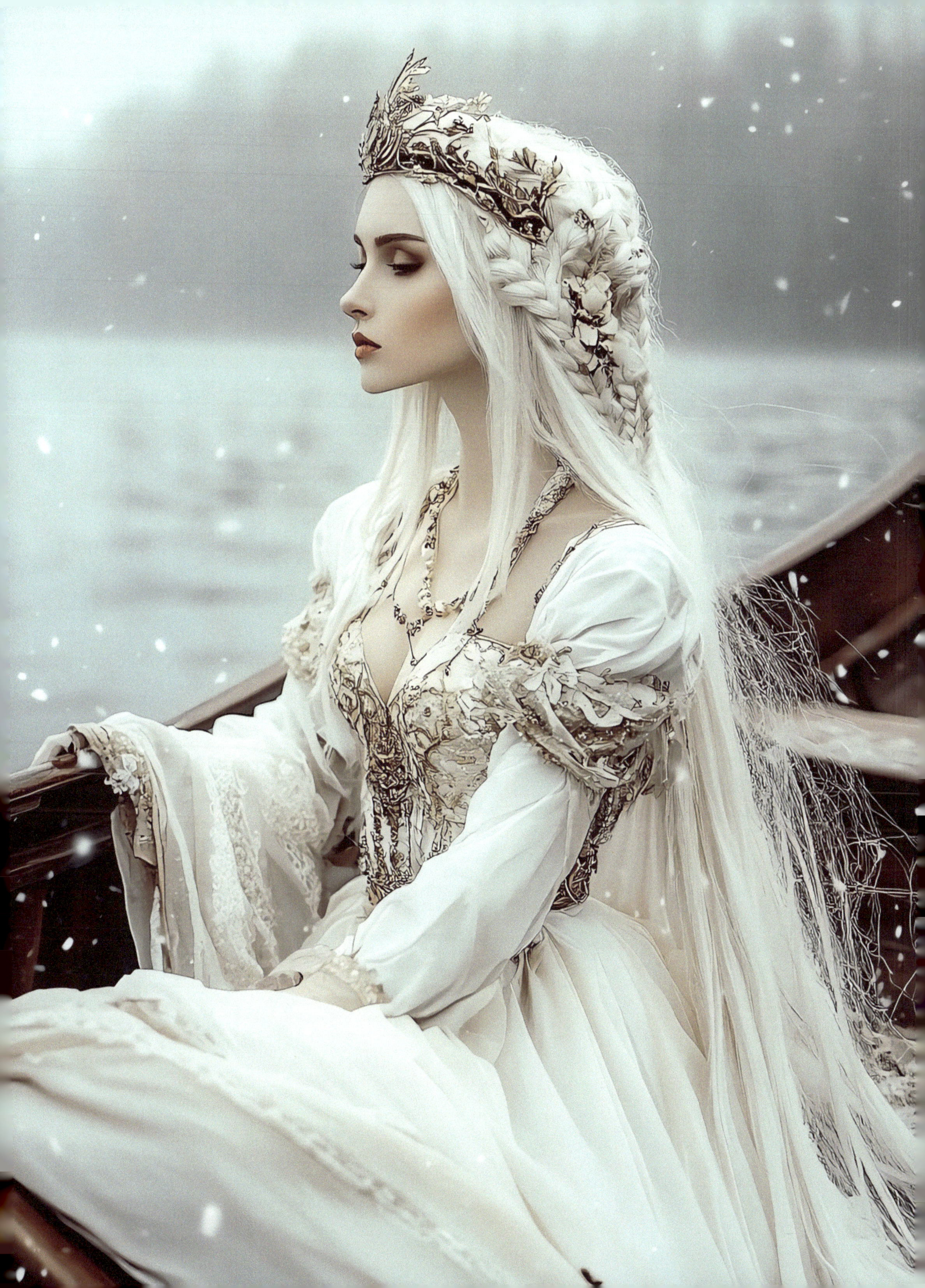

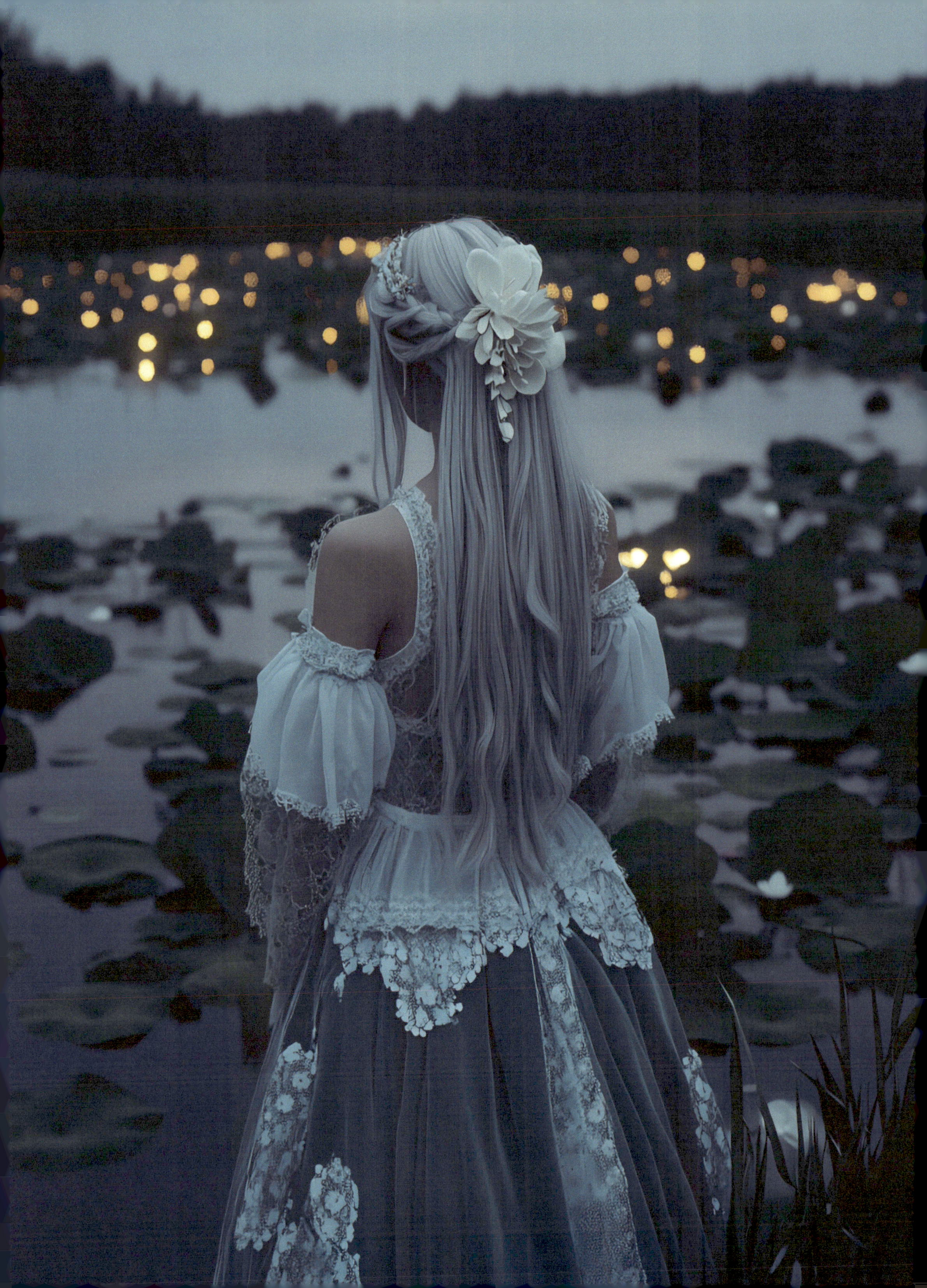

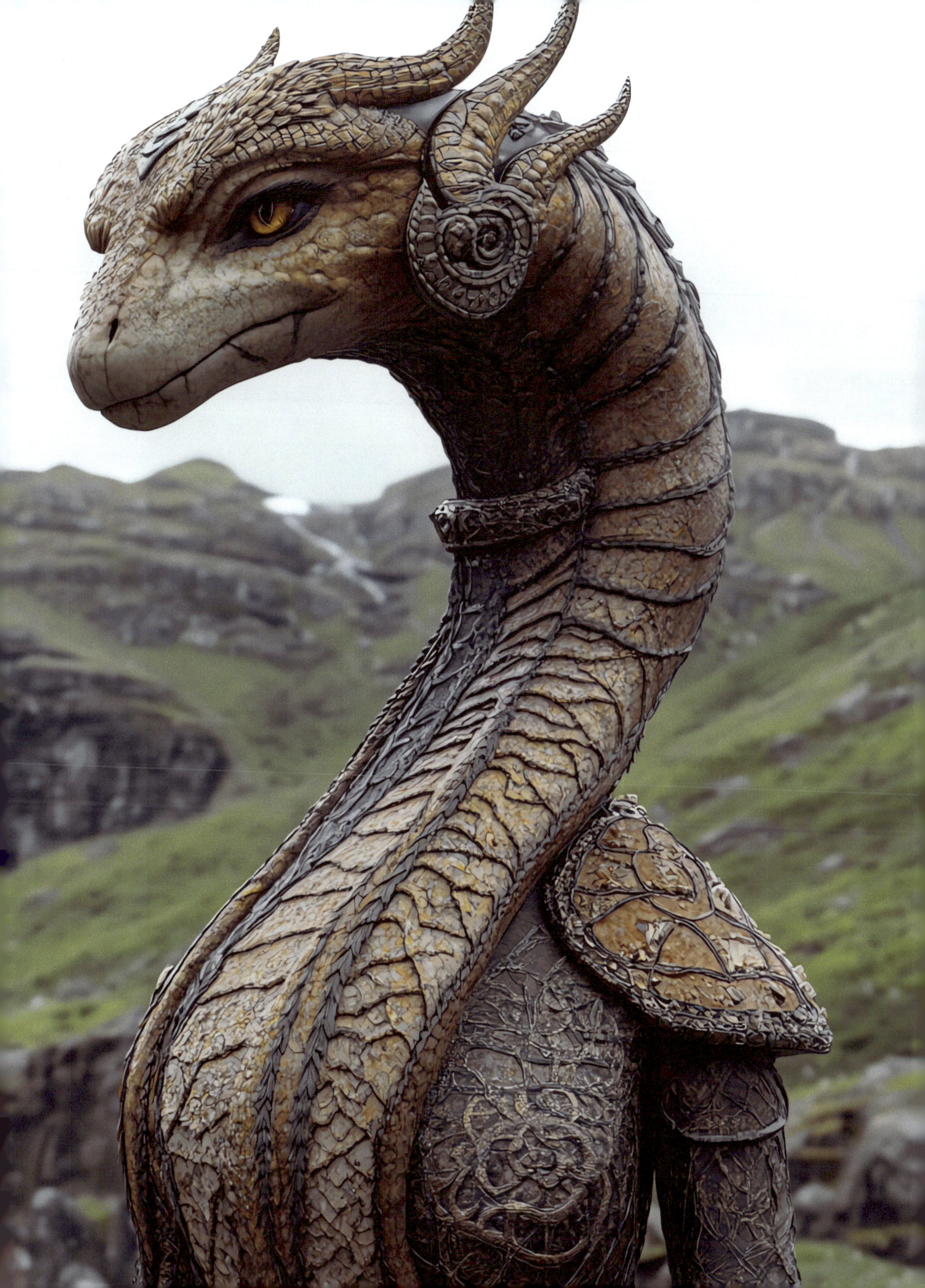

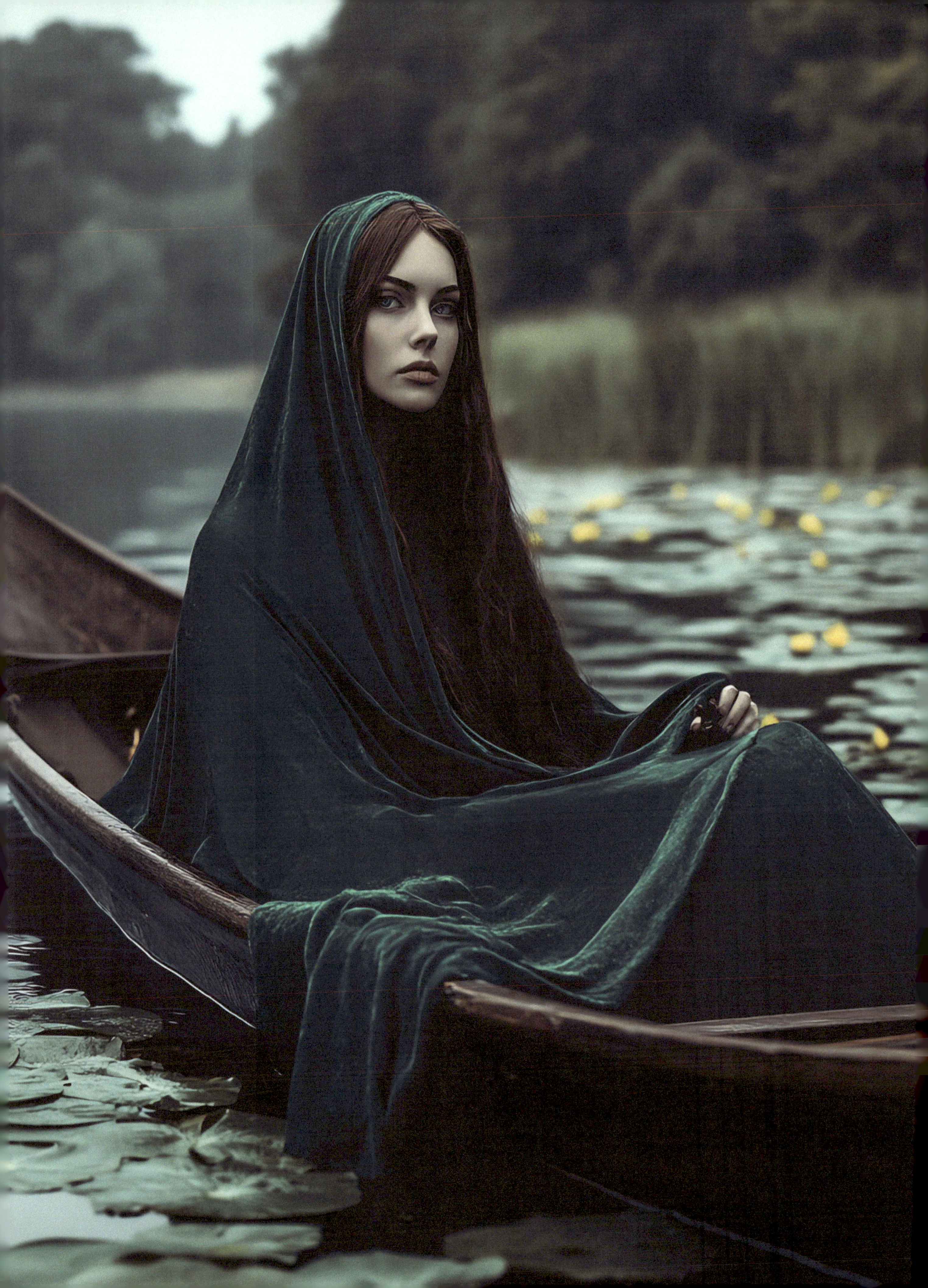

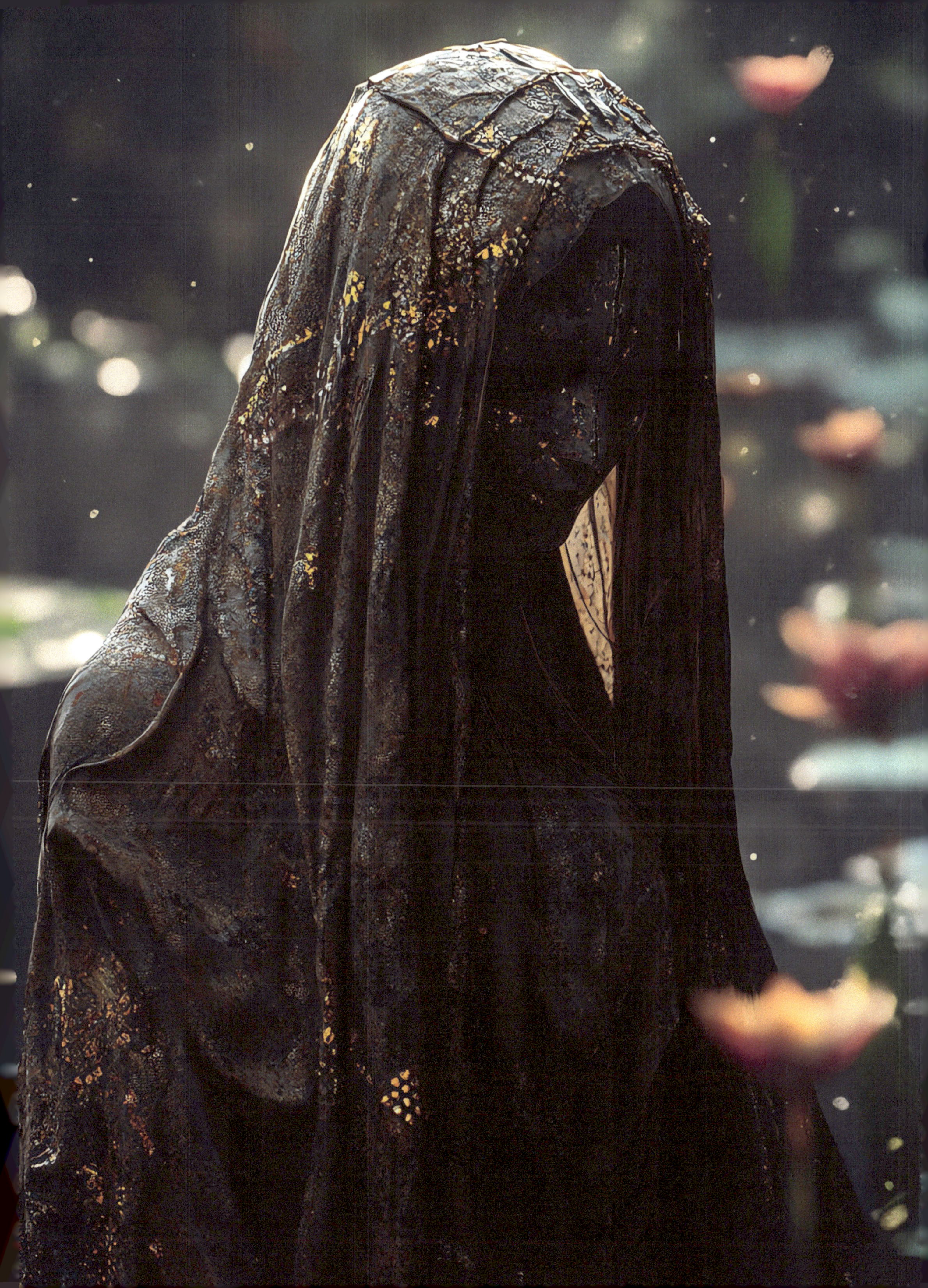

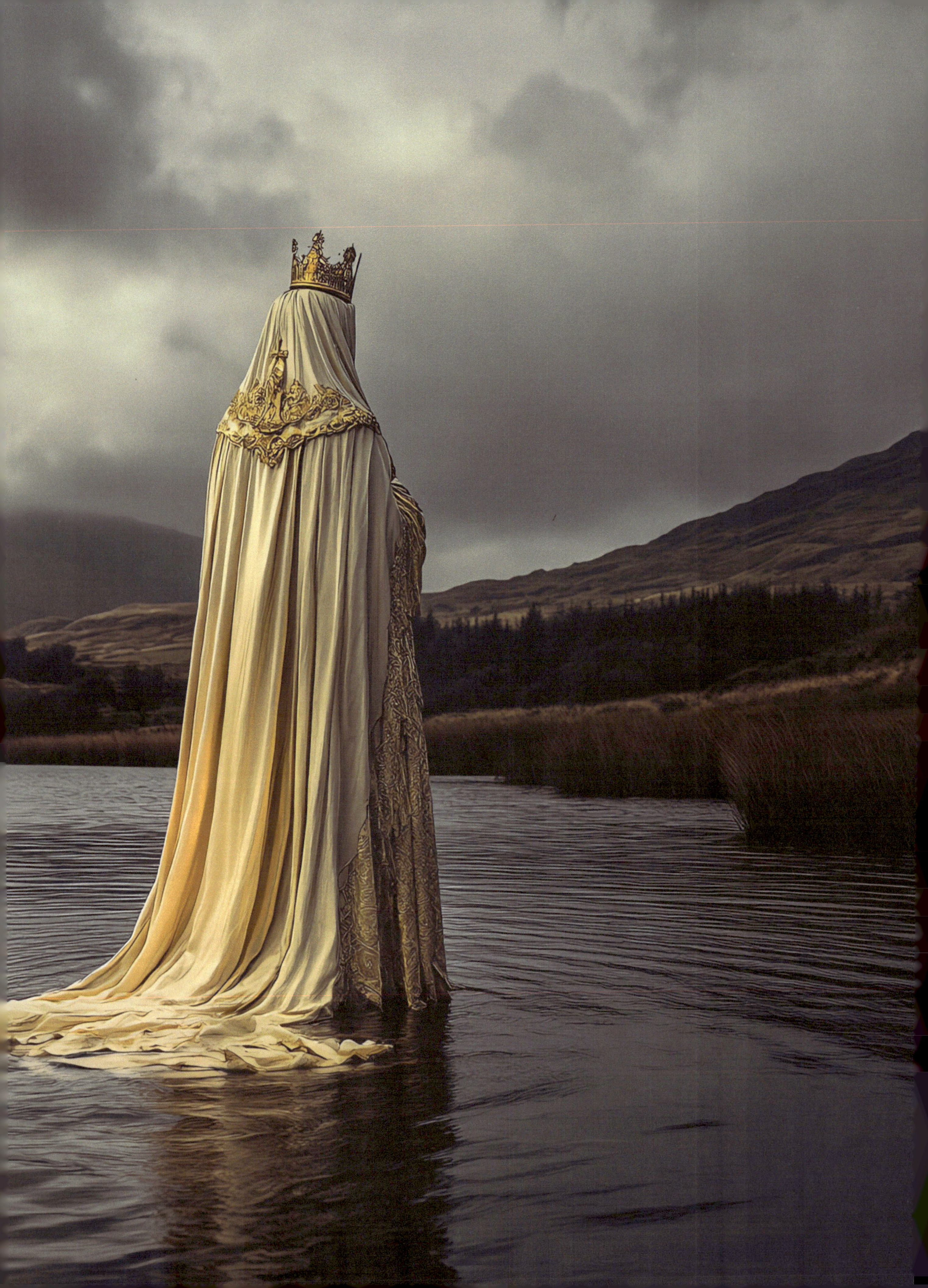

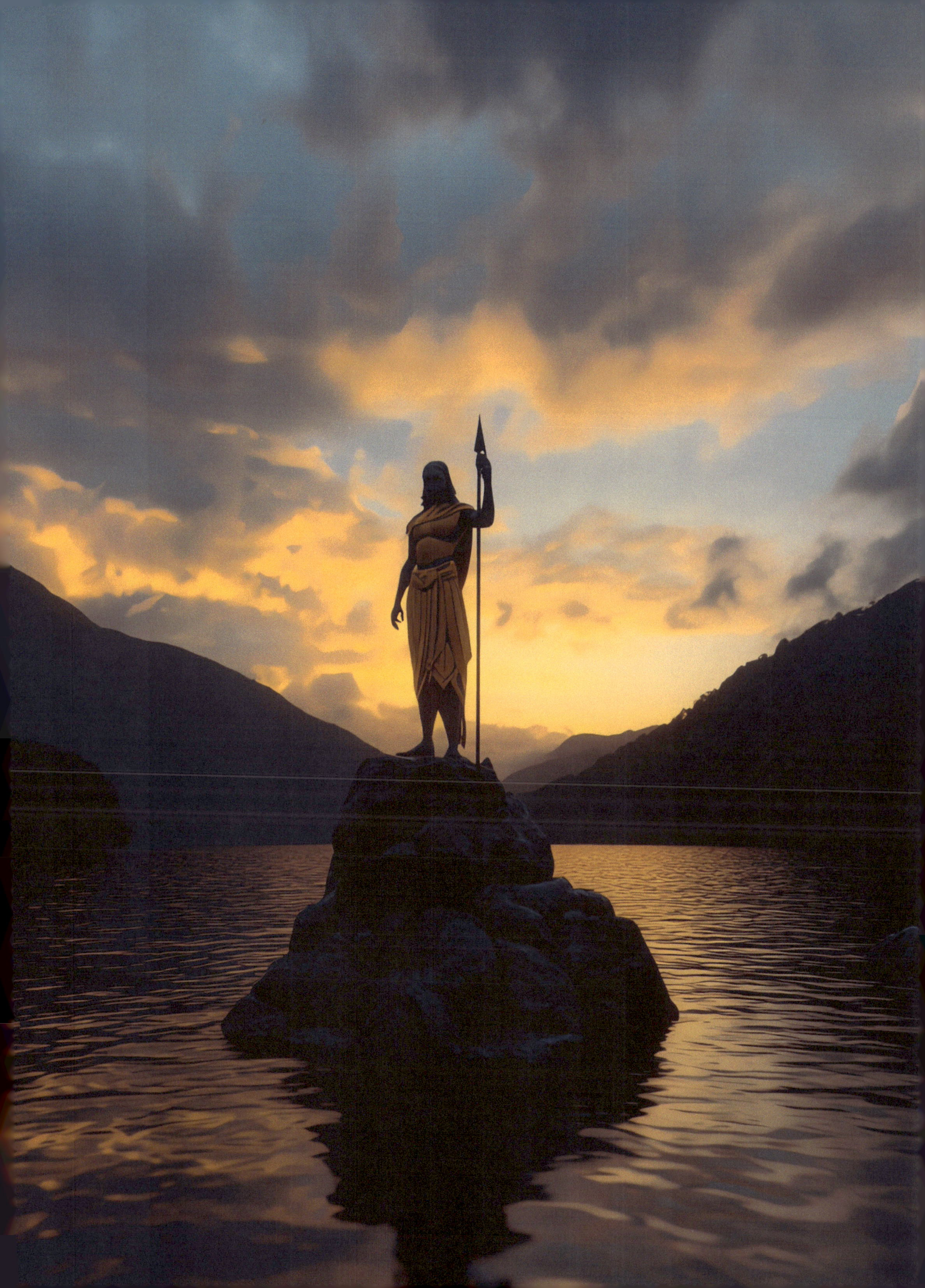

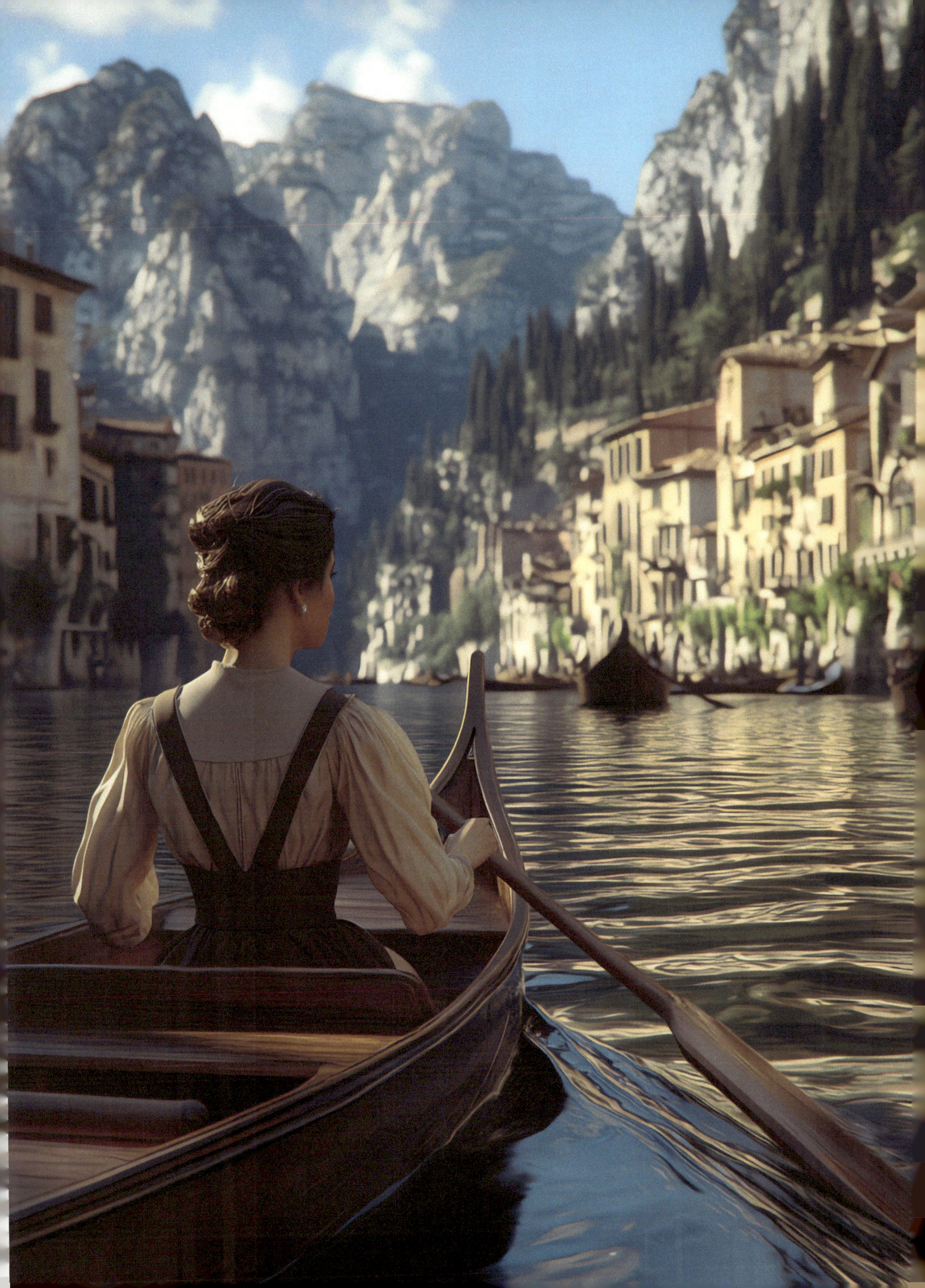

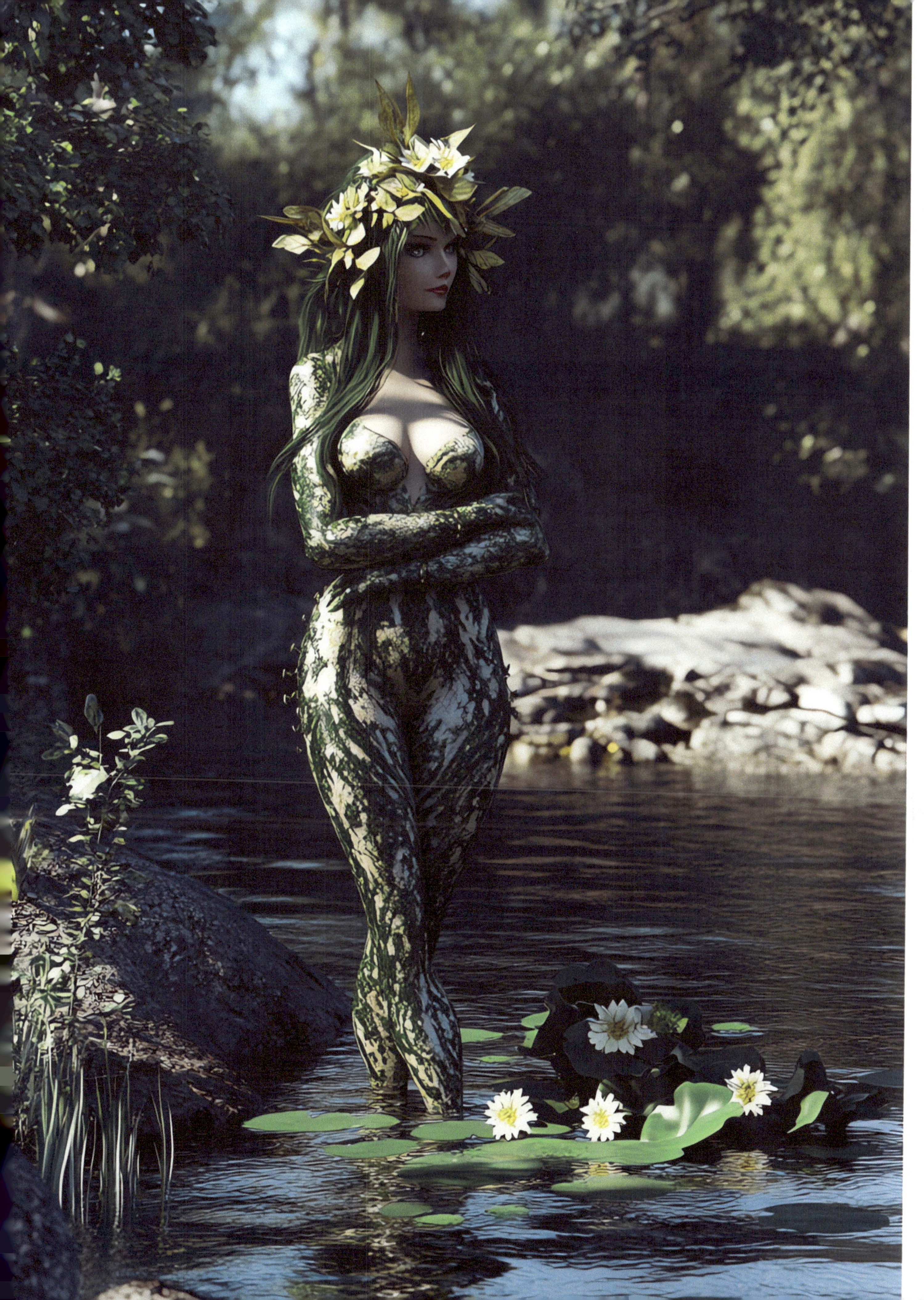

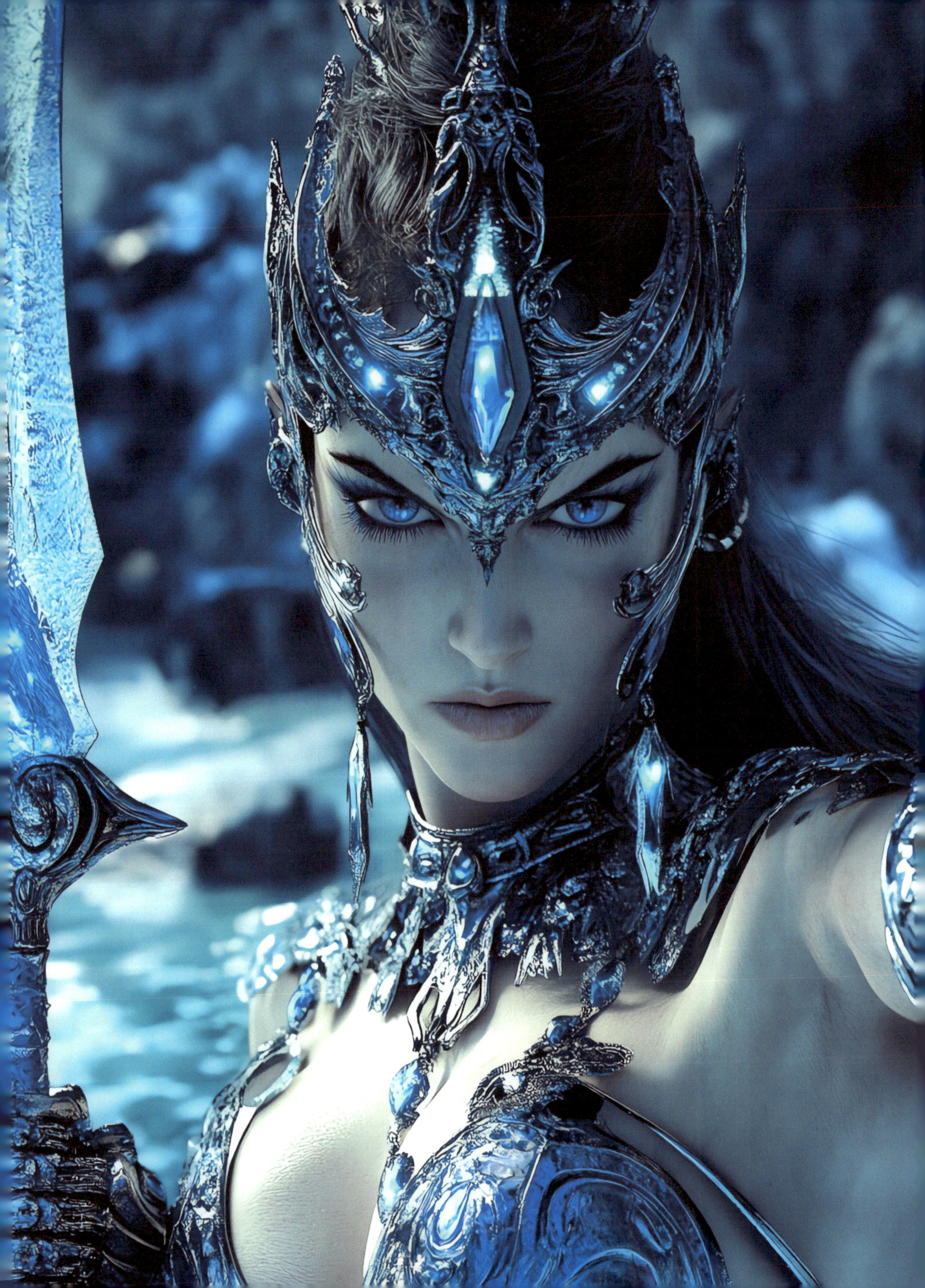